contents

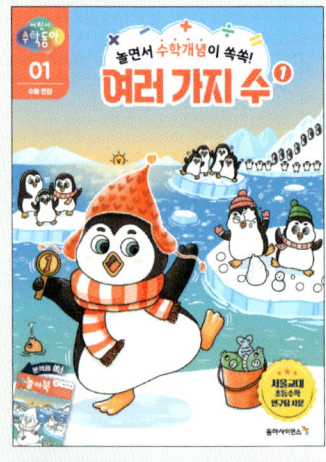

표지이야기

안녕! <어린이수학동아> 독자 여러분!
펭귄들이 여러분을 향해 반갑게
인사하고 있네요. 그런데 모두 몇
마리죠? 하나, 둘, 셋, …. 네? 묶어
세고, 뛰어 세면 편하다고요? 수를 세는
방법이 궁금하다면 10쪽을 확인하세요!

10

이야기로 넘나들 여수잼

모여라! 펭귄 가족 104마리

36

퍼즐 마법학교

전설의 마법사 프랙탈

숫자로 보는 뉴스

06 위잉~
꿀벌도 사람처럼 수를 세요!

수학 개념 완전정복!

- **04** 수학 교과 단원맵
- **08** 어수티콘
  자연수
- **18** 수콤달콤 연구소
  어떤 수 옆에 어떤 수? 규칙대로 줄을 서시오!
- **22** 꿀꺽! 생활 속 수학 한 입
  흩어지면 느리고 뭉치면 빠르다! 과자는 모두 몇 개?
- **26** 꿀꺽! 생활 속 수학 두 입
  앞으로 보나 뒤로 보나 똑같다! 신기한 숫자의 세계
- **40** 출동, 수학 히어로! 슈퍼M
  버스 번호에 숨은 비밀은?
- **72** 꿀꺽! 생활 속 수학 세 입
  클로버 잎 4개는 행운, 숫자 4는 불운?!
- **76** 똥손 수학체험실
  오늘 무슨 요일이야? 달력 만들기
- **80** 옥톡과 달냥의 우주탐험대
  국제우주정거장과 지구
- **82** 수학 플레이리스트

진짜 재밌는 수학만화

- **28** 수리국 신한지의 비밀
  수학이 축구만큼 재밌다면
- **32** 요리왕 구단지
  게임기가 갖고 싶어
- **44** 놀러와! 도토리 슈퍼
  로이의 위기
- **54** 헬로 매스 지옥 선수촌
  꽈광 화산지대의 마녀들
- **62** 인공지능 로봇 마이보2
  꼬물이의 기억 속으로!
- **84** 우당탕탕 수학 과몰입러
  간식 세는 법

수학 교과 단원맵

1호 수와 연산 여러 가지 수 ❶

이번 호 <어린이수학동아>가 초등 수학 교과의 어느 단원과 연결되는지 확인해 보세요. 어수동을 재밌게 읽는 동안 수학의 기초가 튼튼해져요!

	1학년		2학년		3학년		4학년		5학년		6학년	
	1학기	2학기	1학기	2학기	1학기	2학기	1학기	2학기	1학기	2학기	1학기	2학기
수와 연산	9까지의 수	100까지의 수	세 자리 수	네 자리 수	덧셈과 뺄셈	곱셈	큰 수	분수의 덧셈과 뺄셈	자연수의 혼합 계산	분수의 곱셈	분수의 나눗셈	분수의 나눗셈
	덧셈과 뺄셈	덧셈과 뺄셈❶	덧셈과 뺄셈	곱셈구구	나눗셈	나눗셈	곱셈과 나눗셈	소수의 덧셈과 뺄셈	약수와 배수	소수의 곱셈	소수의 나눗셈	소수의 나눗셈
	50까지의 수	덧셈과 뺄셈❷	곱셈		곱셈	분수			약분과 통분			
		덧셈과 뺄셈❸			분수와 소수				분수의 덧셈과 뺄셈			
규칙성				규칙 찾기			규칙 찾기		규칙과 대응		비와 비율	비례식과 비례배분
												여러 가지 그래프
도형	여러 가지 모양	여러 가지 모양	여러 가지 도형		평면도형	원	각도	삼각형	다각형의 둘레와 넓이	합동과 대칭	각기둥과 각뿔	공간과 입체
							평면도형의 이동	사각형		직육면체	직육면체의 부피와 겉넓이	원의 넓이
								다각형				원기둥, 원뿔, 구
측정	비교하기	시계 보기와 규칙 찾기	길이 재기	길이 재기	길이와 시간	들이와 무게			수의 범위와 어림하기			
				시각과 시간								
자료와 가능성			분류하기	표와 그래프		자료의 정리	막대 그래프	꺾은선 그래프	평균과 가능성			

교과서랑 같이 봐요!

모여라! 펭귄 가족 104마리

- 1-1 50까지의 수
  - 10개씩 묶어 세어 볼까요
  - 어느 수가 더 클까요
- 1-2 100까지의 수
  - 짝수와 홀수를 알아볼까요
- 2-1 세 자리 수
  - 뛰어서 세어 볼까요

10p

어떤 수 옆에 어떤 수? 규칙대로 줄을 서시오!

- 1-1 9까지의 수
  - 수의 순서를 알아볼까요
- 1-1 50까지의 수
  - 수의 순서를 알아볼까요
- 1-2 100까지의 수
  - 짝수와 홀수를 알아볼까요

18p

흩어지면 느리고 뭉치면 빠르다! 과자는 모두 몇 개?

- 1-1 50까지의 수
  - 10개씩 묶어 세어 볼까요
  - 50까지의 수를 세어 볼까요
  - 수를 세어 볼까요
- 1-2 100까지의 수
  - 99까지의 수를 알아볼까요

22p

버스 번호에 숨은 비밀은?

- 2-1 세 자리 수
  - 각 자리의 숫자는 얼마를 나타낼까요
  - 세 자리 수를 만들어 볼까요
- 2-2 네 자리 수
  - 네 자리 수를 알아볼까요

40p

함께 생각해 봐요!

- ☑ 수를 묶어서 세면 어떤 점이 좋을까요?
- ☑ 수의 크기를 서로 비교하는 방법은 무엇인가요?
- ☑ 뒤죽박죽 섞인 수를 크기가 작은 수에서 큰 수의 순서대로 정리할 수 있나요?
- ☑ 수를 10씩, 100씩 뛰어서 셀 때 어떤 규칙을 발견할 수 있나요?
- ☑ 수가 점점 작아지도록 거꾸로 뛰어서 세어 보세요.

- ☑ 우리는 왜 수를 셀 때 1씩 커지는 규칙대로 수를 셀까요? 수를 세는 다른 방법도 있을까요?
- ☑ 나만의 규칙으로 수를 늘어놓은 뒤 가족이나 친구가 어떤 규칙인지 알아맞히는 놀이를 해봐요.
- ☑ 교실에서 내 자리는 어디에 있는지 숫자로 나타내 보세요.
- ☑ 기차, 영화관, 달력, 주소, 전화번호에도 규칙이 있는지 생각해 봐요.

- ☑ 연필, 공책, 장난감 등 주변에 있는 여러 가지 물건을 세어 봐요.
- ☑ 여러 개의 물건이 있을 때 모두 몇 개인지 눈으로만 보고 짐작해본 다음, 실제로 세어 봐요.
- ☑ 수를 세는 방법에는 또 어떤 것이 있을까요?

- ☑ 우리 주변에서 두 자리 수와 세 자리 수, 네 자리 수는 어떤 게 있나요?
- ☑ 같은 숫자인데도 어느 자리에 있는지에 따라 나타내는 수가 다른 이유는 무엇일까요?
- ☑ 나만의 규칙으로 두 자리 수, 세 자리 수를 만들어 봐요.

숫자로 보는 뉴스

글 조현영 기자(4everyoung@donga.com) **디자인** 오진희 **사진** 위키미디어, Martin Giurfa, GIB

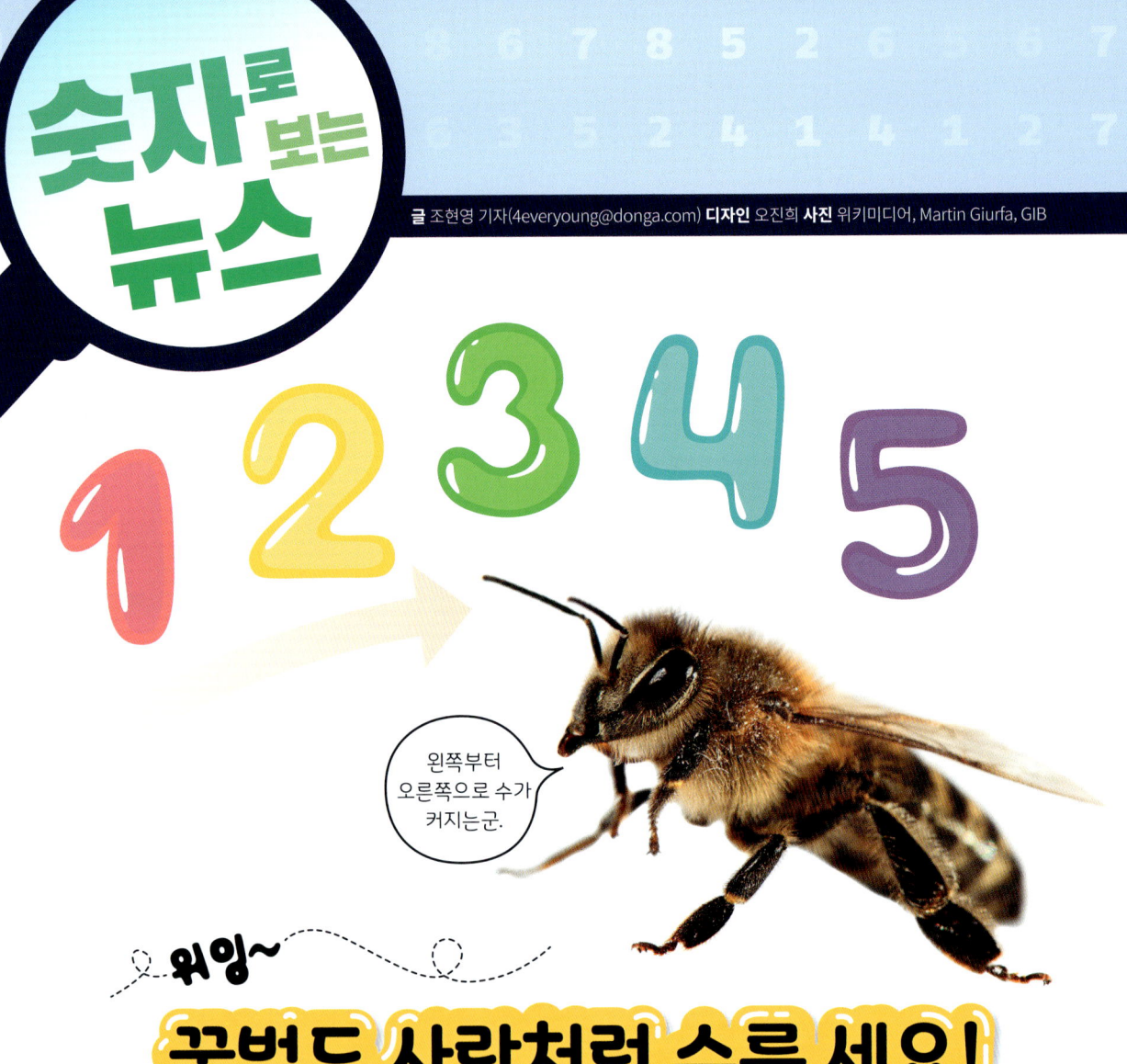

왼쪽부터 오른쪽으로 수가 커지는군.

윙~

꿀벌도 사람처럼 수를 세요!

꿀벌도 사람과 마찬가지로 왼쪽부터 오른쪽으로 수를 센다는 연구 결과가 나왔어요. 프랑스 툴루즈대학교, 스위스 로잔대학교 등 국제 연구팀이 실험한 결과예요. 꿀벌이 1부터 5까지 수를 셀 줄 안다는 사실은 이미 알려졌지만, 어느 방향으로 수를 세는지 알아보는 실험은 처음이었지요.

연구팀은 구멍 뚫린 상자에 도형이 1개 그려진 그림을 붙이고, 그림 위에 설탕물을 발랐어요. 꿀벌이 상자를 드나들다가 도형 그림 쪽으로 향하면 설탕물을 맛볼 수 있지요. 꿀벌이 설탕물을 먹기 위해 숫자 1을 찾도록 훈련한 거예요. 이와 같은 방법으로 어떤 꿀벌은 3을, 어떤 꿀벌은 5를 찾도록 훈련했어요.

그런 다음, 훈련했던 그림과 도형 개수가 다른 두 그림을 상자 안에 나란히 붙이고

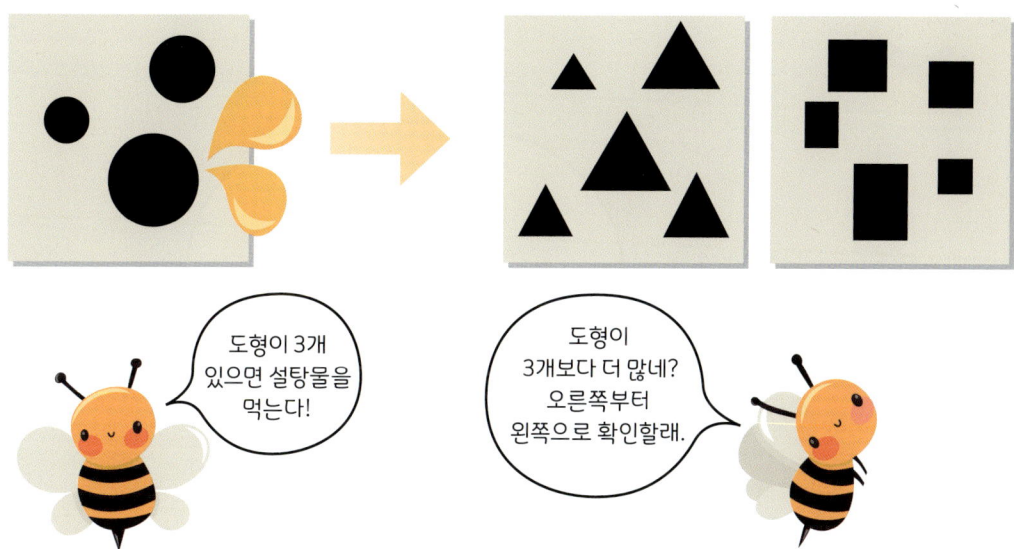

꿀벌이 어떻게 행동하는지 살펴봤어요. 그 결과 꿀벌 10마리 중 7마리는 오른쪽에 있는 그림의 도형 개수가 더 많다고 생각하는 것처럼 움직였어요. 예를 들어 3을 찾도록 훈련한 꿀벌에게 도형이 1개인 그림을 양쪽으로 보여줬더니, 꿀벌은 왼쪽 그림으로 먼저 다가간 후 오른쪽 그림으로 향했어요. 3을

연구팀이 꿀벌들을 넣어 실험한 상자의 모습이에요. 도형 그림에 설탕물을 바르고 있어요.

찾기 위해 왼쪽에 있는 1부터 시작해 오른쪽으로 세어나간 거예요. 같은 꿀벌에게 도형이 5개인 그림을 나란히 보여줬을 때는 3을 찾으려고 오른쪽 그림부터 확인한 뒤 왼쪽으로 움직였어요.

 연구에 참여한 마탱 지르파 툴루즈대학교 동물인지연구센터 교수는 "단순한 동물이라 여겼던 꿀벌도 사람처럼 복잡하게 생각하고 수를 셀 수 있었어요. 동물도 사람처럼 느끼고 복잡하게 행동한다는 점을 기억하고, 사람과 동물이 함께 살아가기 위해 노력해야 해요"라고 말했어요.

어수티콘 사전
어린이 수학 이모티콘 사전

자연수

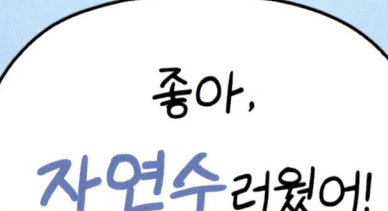

좋아, **자연수**러웠어!

귀여운 눈사람들이 모여 있어요. 그런데…, 눈사람 사이에 눈사람인 척하는 숫자가 숨어 있어요. 와, 너무 자연스러워서 깜박 속았네요! 넌 대체 누구야?!

글 박건희 기자(wissen@donga.com) 일러스트 밤곰
#수학용어 #수학개념 #이모티콘 #자연수

'자연수'러운 게 뭔데?

 숫자 8이 눈사람 사이에 자연스럽게 숨어 있네요. 헉, 설마 '자연수'는 자연스러운 수라는 뜻?!

맞아요! 자연수는 가장 자연스러운 수라는 뜻이에요. 인간이 오랫동안 자연스럽게 사용해온 수여서 이런 이름이 붙었어요. 우리에게 친숙한 1, 2, 3, 4, 5, 6, 7, 8, … 같은 수가 바로 자연수예요. 3+7=10처럼 자연수끼리 더해서 나온 수도 언제나 자연수랍니다.

 자연수는 어떻게 우리에게 가장 자연스러운 수가 되었나요?

아주 먼 옛날 사람들은 어떤 물건의 개수를 세기 위해 수를 사용하기 시작했어요. 물건이 한 개 있으면 1, 다섯 개일 땐 5, 백 개일 땐 100으로 나타냈지요. 이렇게 수를 세다 보니 자연수가 일상에서 가장 자연스럽게 자주 사용하는 수로 자리 잡은 거예요.

 그렇다면…, '자연스럽지 않은' 수도 있나요?

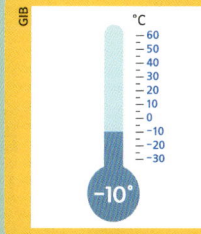

하하. 1개, 2개, 3개 등으로 표현하기 어려운 수가 있어요. '아무것도 없음'을 나타내는 수 '0', 온도계에서 영하의 기온을 나타내기 위해 쓰는 −1, −2, −3, …처럼 0보다 작은 수들이 그 예라고 할 수 있지요.

독자들의 어수티콘과 3행시를 소개합니다!

자 자연스러웠어.
연 연습할 때 계속 이렇게만 해줘.
수 수가 어렵고 끝이 없는 것은 알겠는데….

김현아(americanakim)

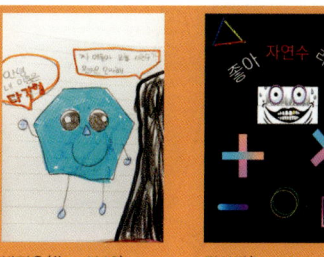

박지온(jion4112)　　권서진(kwonseojin1119)

나만의 수학 용어 이모티콘과 3행시를 만들어 주세요!

놀이북 6쪽과 함께 보세요!

1 2 3 4 5 6 7 8 9 10

하나, 둘, 셋, 넷, 다섯, 여섯, 일곱, 여덟, 아홉, 열.
10마리의 펭귄이 나란히 바다를 향해 걷고 있어.
모두 우리 마을 펭귄들이야!

펭귄 마을에 온 걸 환영해!
나는 '펭하'라고 해. 이렇게
추운 남극에서 어떻게 사냐고?
나에게 아주 따뜻한 가족과
친구들이 있거든. 우리는 똘똘
뭉쳐서 서로 허들링*을 하며
추위를 견디곤 해.

용어 설명

허들링 황제펭귄들이 한데 모여 서로의 체온으로 겨울 추위를 견디는 방법을 말해요. 바깥쪽에 있는 펭귄의 체온이 떨어질 때 안쪽의 펭귄과 자리를 바꾸면서 추위를 함께 극복하지요.

모여라! 펭귄 가족 104마리

글 최송이 기자(song1114@donga.com)
디자인 오진희 일러스트 남동완 도움 김지영(서울 북가좌초등학교 교사)
#수_읽기 #홀수 #짝수 #세자리수 #묶어세기 #뛰어세기

각각의 얼음덩어리엔 몇 마리가 있는 걸까? 펭귄 마을에 놀러 온 너희들이 한번 직접 세어봐.
어느 쪽 펭귄 무리가 더 많은지는 '부등호' 물고기 아저씨가 입을 벌린 쪽을 보면 알 거야. 물고기 아저씨의 입이 벌어져 있는 쪽의 수가 항상 더 크거든.

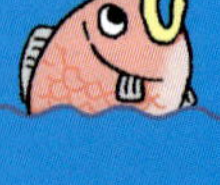

추위에 지친 펭귄들이 허들링을 하기 위해 하나, 둘씩 모이다 보니 어느덧 우리 마을에 사는 모든 펭귄이 다 모였어. 모두 몇 마리나 되는지 한번 세어볼까?
1, 2, 3, 4, 5, 6, 7, 8, 9, 10, 11, 12, 13, 14, …, 방금 어디까지 셌지? 헉, 헉…. 한 마리씩 일일이 세려니까 너무 힘들어!

안 되겠다! 주목! 다들 2마리씩 짝을 지어서 서 주세요!

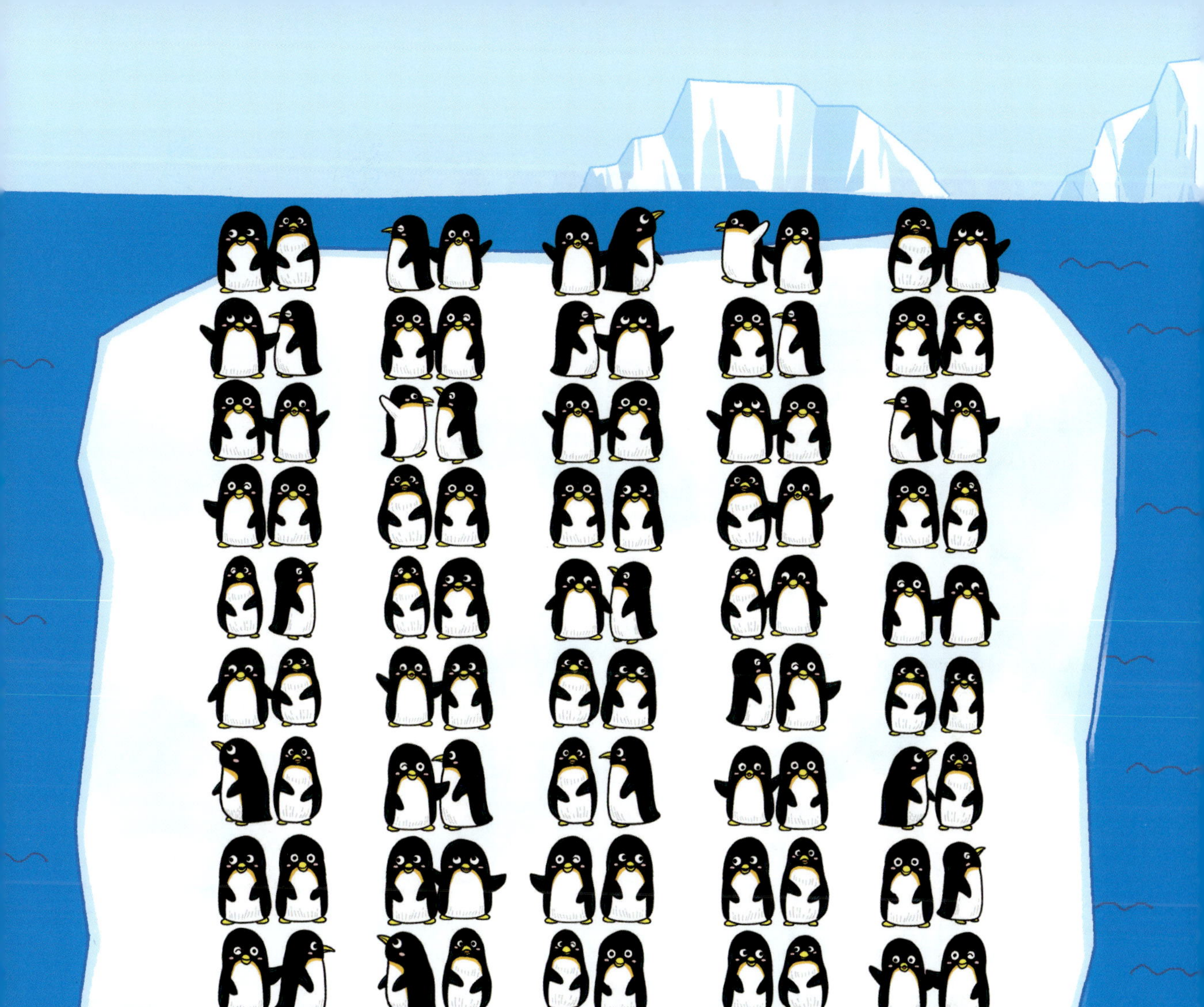

"내 짝꿍 펭하야, 빨리 와!"

둘씩 서니까 수를 세기가 아까보다 편해졌어. 2, 4, 6, 8, 10, …, 92, 94, 96, 98, 100, 102…. 어라, 한 마리는 짝이 없네. 우리 마을 펭귄 수는 '홀수'인가 봐. 둘씩 짝지었을 때 1이 남는 수를 홀수라고 하거든. 아차! 나까지 포함하는 것을 깜빡했네! 혼자 남은 펭귄과 내가 짝이 되니까, 우리 마을 펭귄 수는 둘씩 짝지을 수 있는 '짝수'야.

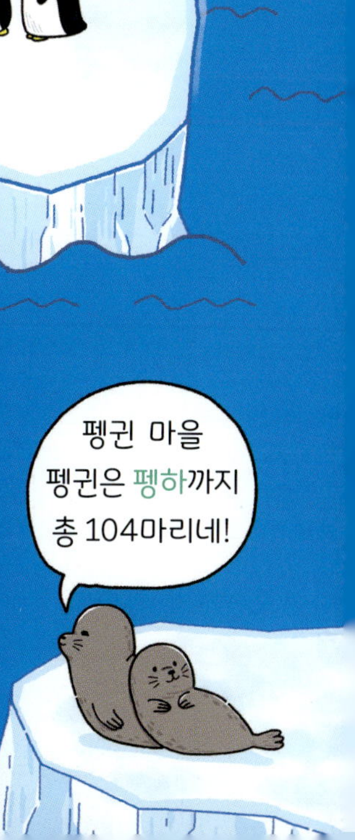

펭귄 마을 펭귄은 펭하까지 총 104마리네!

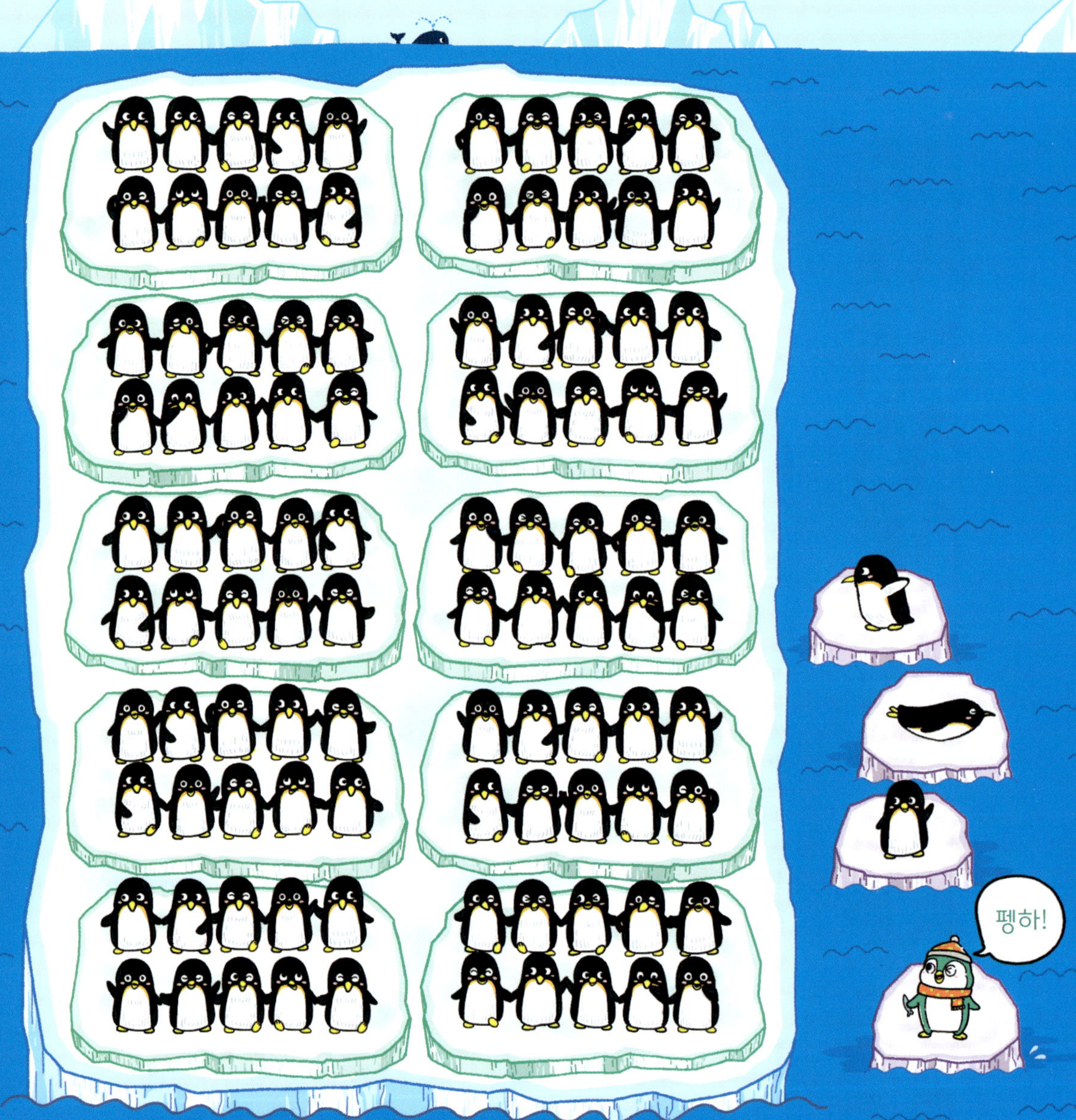

펭하!

온 마을의 펭귄들과 허들링을 한 덕분에 한결 따뜻해졌어. 이제 각자의 집으로 돌아갈 시간! 가까운 곳에 사는 펭귄끼리 거대한 얼음덩어리에 모여 같이 출발하기로 했어. 단, 집으로 가지 않고 옆 마을로 놀러 가기로 한 펭귄 4마리는 따로 남았지만 말이야.

10마리의 펭귄이 탄 얼음덩어리는 모두 10개야. 얼음덩어리 하나는 10마리, 두 개는 20마리, 3개는 30마리…. 이렇게 10마리씩 묶어 세니까 수를 세기가 더 쉽네. 10, 20, 30, 40, 50, 60, 70, 80, 90, 100! 집으로 돌아가기로 한 펭귄은 모두 100마리야.

세 자리 수를 알아볼까?

펭귄이 10마리씩 서 있는 얼음덩어리 10개가 모이면 펭귄 100마리가 돼. 1이 10개면 10이고, 10이 10개면 100이거든. 펭귄 대신 얼음 조각으로 나타내보면 더 간단하게 이해할 수 있어.

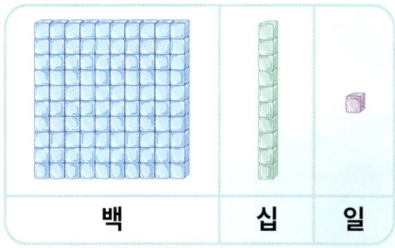

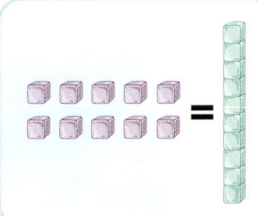 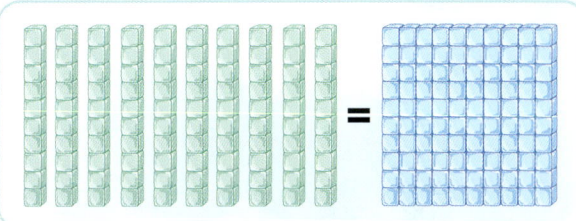

104처럼 숫자 3개로 이뤄진 수를 '세 자리 수'라고 해. 오른쪽부터 왼쪽으로 한 자리씩 옮겨 가면서 차례로 일, 십, 백이 되지. 제일 오른쪽에 있는 숫자를 '일의 자리', 가운데에 있는 숫자를 '십의 자리', 제일 왼쪽에 있는 숫자를 '백의 자리' 숫자라고 해.

펭귄 마을의 펭귄 104마리를 얼음 조각으로 나타냈어!

백의 자리	십의 자리	일의 자리
1	0	4
1	0	0
	0	0
		4

1은 백의 자리 숫자이고 100을 나타내. 십의 자리에 숫자가 0일 때는 백의 자리와 일의 자리에는 수가 있지만, 십의 자리에는 아무것도 없다는 걸 의미하지. 일의 자리에 있는 숫자 4는 말 그대로 4를 나타내. 104=100+0+4야!

"펭이야! 내가 금방 갈게!"

나는 이제 옆 마을에 사는 내 친구 '펭이'를 만나러 갈 거야. 그런데, 옆 마을까지 이어지는 얼음 다리가 다 녹고 말았어. 물에 빠지면 겨우 따뜻해진 몸이 다시 추워질 텐데….
그때, 펭이 목소리가 들렸어!
"123이라고 적힌 얼음덩어리부터 100씩 뛰어 세면서 얼음을 밟으면 안전하게 건널 수 있어!"
좋았어. 펭이 말대로 100씩 뛰어세기를 해서 안전하게 건너보자. 시작은 123부터야. 123, 223, …, 쭉쭉 가보자고!

125
123 124
133 223 423
143   323
     163
153
     173

1씩 뛰어 세면 일의 자리 숫자가 1씩 커져. 123에서 시작한다면 123, 124, 125, …. 이렇게 되겠지. 10씩 뛰어 세면 123, 133, 143… 이렇게 십의 자리 숫자가 1씩 커져. 마찬가지로 100씩 뛰어 세면 백의 자리 숫자가 1씩 커질 거야.

마지막 얼음에 적힌 수는 100이 7개, 10이 2개, 1이 3개야! 조심해서 와~!

미션! 얼음을 어떻게 건너면 되는지 '플레이콘'에 올려서 펭하에게 알려주세요!

어떤 수 옆에 어떤 수? 규칙대로 줄을 서시오!

1, 2, 3, 4, 5…. 이렇게 수를 세는 데에도 규칙이 숨어 있어요. 바로 1씩 커지는 규칙이지요. 또 다른 규칙으로도 수를 셀 수 있어요. 수콤과 달콤이 놀러 간 놀이동산 곳곳에서 규칙을 가진 수들을 찾아보세요!

글·디자인 어린이수학동아 일러스트 허경미

수콤달콤 연구소는 어린이들이 '쓴맛'으로 꼽은 초등수학 내용을 달콤하게 바꿔드려요.

핵심 연구원

연구소장 수콤
'수학을 달콤하고 맛있게 만들기'가 목표인 허당 소장이에요.

수학 요리사 달콤
어떤 수학도 달콤하게 만드는 달인이에요.

하나의 수가 다음에 나오는 수와 어떤 관계가 있는지 유심히 봐야 해! 2씩 커지고 있네?

수콤 비법

수의 배열이란 수가 일정한 차례나 간격에 따라 놓여 있는 거예요. 영화관 좌석 번호, 달력 숫자, 곱셈표에도 수의 배열이 있어요.

수콤달콤 카레이싱

슝~. 이번에는 카레이싱을 하러 왔어요. 경주를 보는 관중들이 수콤, 달콤을 응원하는 카드를 들고 있네요. 어라? 카드에 적힌 숫자에 규칙이 있어요.

수콤 비법

위, 아래, 오른쪽, 왼쪽, 대각선 등 다양한 방향으로 숫자가 어떻게 바뀌는지 살펴보세요. 다음 칸에도 발견한 규칙을 적용할 수 있는지 확인하세요.

> 수 배열표란 일정한 규칙을 가진 수를 칸마다 적어놓은 표야!

규칙 박스

★ 오른쪽으로 2씩 커져.
★ 아래로 3씩 커져.
★ 오른쪽 아래 방향의 대각선으로는 5씩 커져.

흩어지면 느리고 뭉치면 빠르다!
과자는 모두 몇 개?

짭짤한 감자 과자 좋아하는 사람~?!

버섯 아니고 초콜릿 입니다~!

과자 한 봉지 안에 과자가 몇 개나 들었는지 궁금했던 적 없나요? 오늘, 집에 있는 과자를 모두 꺼내 개수를 세어보려고 해요. 과자를 다 먹고 싶어서 그런 건 '절대' 아니에요! 헤헷.

글 박건희 기자(wissen@donga.com) 디자인 김은지
사진 박건희, GIB 참고 자료 D. Schmandt-Besserat 'Before Writing. From Counting to Cuneiform'(1992), Jöran Friberg 'Three thousand years of sexagesimal numbers in Mesopotamian mathematical texts'(2019)
#개수 #묶어세기 #수의_탄생 #수메르_수학

22 어린이수학동아

하나, 둘, 셋 ….
세다가 날 새겠네!

먹고 싶은, 아니, 개수를 세고 싶은 과자를 모두 꺼내 보았어요. 달콤한 딸기 과자, 짭조름한 감자 과자, 젤리, 초콜릿 과자가 한데 뒤섞여 있네요. 대체 몇 개지…? 여러분은 과자의 개수를 셀 수 있나요? 눈을 부릅뜨고 세어보세요. 눈이 너무 아프다고요? 역시 정리정돈은 언제나 중요한 법! 과자를 가지런히 놓아 볼까요?

과자로 줄을 세우자!

　처음보다는 개수 세기가 편해졌어요. 하지만 여전히 하나, 둘, 셋, …, 과자의 개수를 일일이 세어야 하지요. 과자가 많지 않다면 하나하나 셀 수 있겠지만, 만약 과자 상자가 100개라면? 과자 상자 속 과자의 개수를 모두 세려면 시간이 무척 오래 걸릴 거예요. 걱정 마세요! 이럴 때 아주 유용한 세기 방법이 있으니까요. 바로 '묶어세기'예요.

뭉치면 빠르다! 묶어세기

'묶어세기'는 어떤 물건을 똑같은 개수만큼 묶어서 한 묶음으로 만든 뒤, 묶음이 모두 몇 개인지 세는 거예요. 예를 들어, 과자가 10개 들어있는 묶음을 만들려면 과자를 열 개씩 모으면 돼요. 열 개씩 모은 과자는 '1묶음'이 되지요. 그렇다면 묶음이 3개일 때 과자의 개수는 모두 몇 개일까요? 과자가 10개 든 묶음이 3개니까, 10을 세 번 더하면 돼요. 10+10+10은 30! 과자의 총 개수는 바로 30개랍니다.

묶음끼리 모아서 더 큰 묶음으로 만들 수도 있어요. 여기 10개씩 모은 과자가 모두 6묶음 있어요. 10을 6번 더하면 60이니까, 과자 개수는 모두 60개예요. 이번엔 과자 60개를 더 큰 묶음이라고 생각해 보세요. 과자 60개가 든 커다란 묶음이 2개라면, 전체 과자의 개수는 60+60, 즉 120개가 돼요. 만약 10개나 60개로 딱 떨어지지 않고 남은 과자가 있다면, 묶음을 센 다음 남은 과자의 개수를 더하면 된답니다.

사실 인류는 아주 오래전부터 물건의 개수를 빠르고 간편하게 세기 위해 묶어 세기를 했어요.

지금으로부터 약 5000년 전, **메소포타미아**★ 지역에 살았던 수메르인은 특별한 도구를 사용했어요. 바로 고깔, 구슬, 공 모양의 진흙 조각이에요. 각 조각은 1부터 36000까지의 수를 의미했지요. 이 조각을 사용하면 물건을 사고팔 때 편리했어요. 만약 양 10마리를 거래한다면, 양을 10번 그릴 필요 없이 '10'을 나타내는 작은 구슬 조각 하나만 보여주면 됐거든요.

용어 설명

메소포타미아★
지금의 이라크·이란 등이 위치한 중동 지역을 가리키는 옛 이름이에요.

작은 고깔	작은 구슬	큰 고깔	구멍 뚫린 큰 고깔	큰 공	구멍 뚫린 큰 공
1	10	60	600	3,600	36,000

1을 의미하는 작은 고깔이 10개 모이면, 10을 의미하는 작은 구슬 1개로 바뀌었어요. 또, 작은 구슬이 6개 모이면 60을 의미하는 큰 고깔 1개로 바뀌었지요. 우리가 과자를 10개씩 묶거나 60개씩 묶은 뒤 묶음 1개로 바꿔 표현한 것과 같은 이치예요.

아주 오래전부터 내려온 편리하고 빠른 묶어세기! 우리 주변에서 묶어 셀 수 있는 물건은 또 어떤 것이 있는지 찾아보세요.

과자를 10개씩 묶어 재미있는 모양을 만들 수도 있어요!

퀴즈

이 그림이 나타내는 수는 얼마일까요?

60	10	10	1	1	1
60 +	20 +		3		

정답: 83

꿀꺽! 생활 속 수학 두입

앞으로 보나 뒤로 보나 똑같다!

신기한 숫자의 세계

1, 121, 12321 …. 이건 숫자로 만든 산? 찬찬히 들여다보니 각 줄의 숫자가 점점 커졌다가 점점 작아져요. 그런데 이 알쏭달쏭한 숫자 사이에는 특별한 규칙이 숨어 있대요. 대체 어떤 것인지 함께 알아봐요.

글 박건희 기자(wissen@donga.com)
디자인 오진희 사진 GIB
#숫자 #제곱 #회문숫자

1
121
12321
1234321
123454321
12345654321
1234567654321
123456787654321
12345678987654321

그냥 숫자를 차례로 쓴 거 아냐? 무슨 규칙이 있다는 거지?

'다시 합창합시다'

앞에서부터 읽으나 뒤에서부터 읽으나 똑같을 때, 이를 '회문'이라고 불러요. 토마토, 일요일, 기러기는 회문 단어이고, '다시 합창합시다'는 회문 문장이지요. 왼쪽의 숫자들은 '회문 숫자'예요. 1, 121, 12321은 앞에서 읽으나 뒤에서 읽으나 똑같아요.

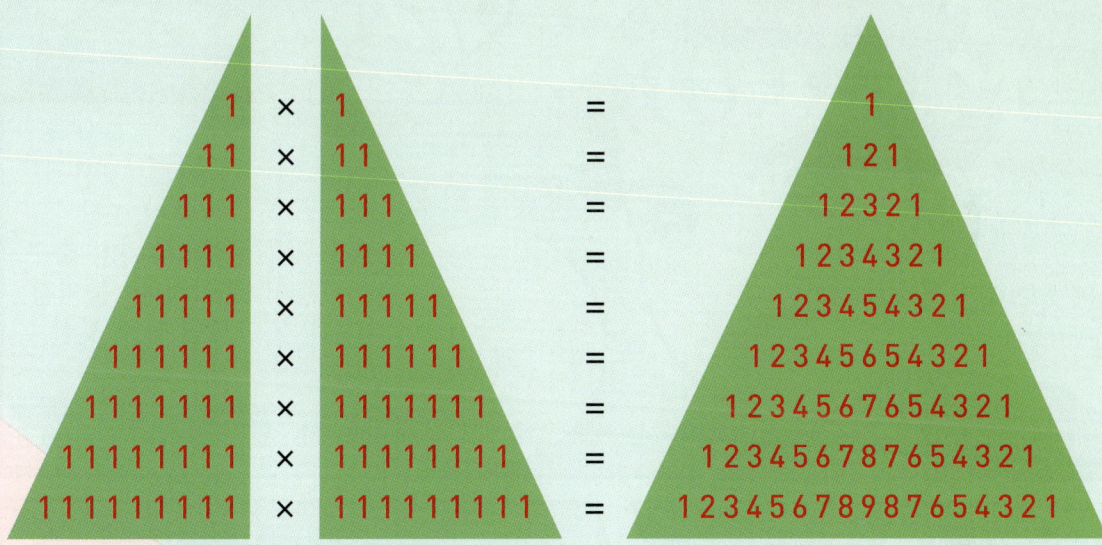

1 × 1	=	1
11 × 11	=	121
111 × 111	=	12321
1111 × 1111	=	1234321
11111 × 11111	=	123454321
111111 × 111111	=	12345654321
1111111 × 1111111	=	1234567654321
11111111 × 11111111	=	123456787654321
111111111 × 111111111	=	12345678987654321

그런데 이 숫자들에는 신기한 비밀이 더 있어요. 바로 1로만 이뤄진 1, 11, 111, 1111 …, 등의 자연수를 2번 곱해 나온 숫자들이라는 거예요. 1을 두 번 곱하면 1이 되고, 1이 두 개인 11을 두 번 곱하면 121, 1이 세 개인 111을 두 번 곱하면 12321이에요. 왜 이렇게 신기한 결과가 나올까요?

그 이유는 바로 1의 성질에 있어요. 1은 몇 번을 곱해도 항상 1이 나오는 숫자예요. 따라서 1로만 이뤄진 숫자를 두 번 곱하면 일의 자리, 십의 자리, 백의 자리까지 모두 자기 자신이 나와요. 이를 모두 더하면 1부터 차례로 수가 커지다가 다시 줄어들어 1로 다시 돌아오는 회문 숫자가 돼요. 이 신비한 숫자의 법칙은 자릿수가 9인 111111111에서 끝난답니다.

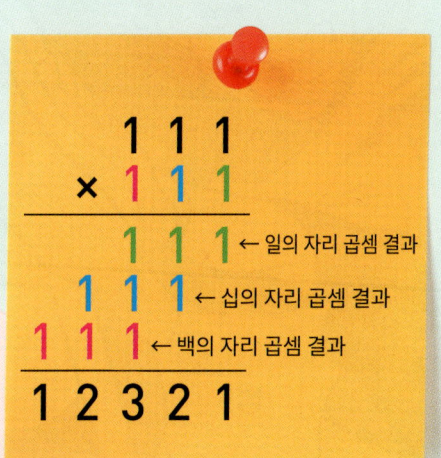

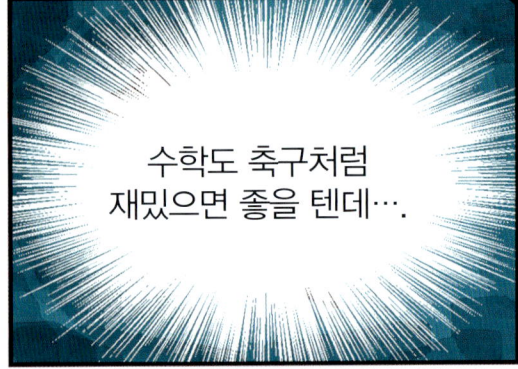

이은섭 작가 — 스파이더맨을 좋아하던 저는 상상 속의 친구와 노는 것을 좋아했습니다. 이제는 저도 누군가에게 상상의 친구가 되길 꿈꿉니다.

강산과 한지에게 무슨 일이 생긴 걸까?

그림마다 한 개씩 숨어있는 숫자도 찾아봐!

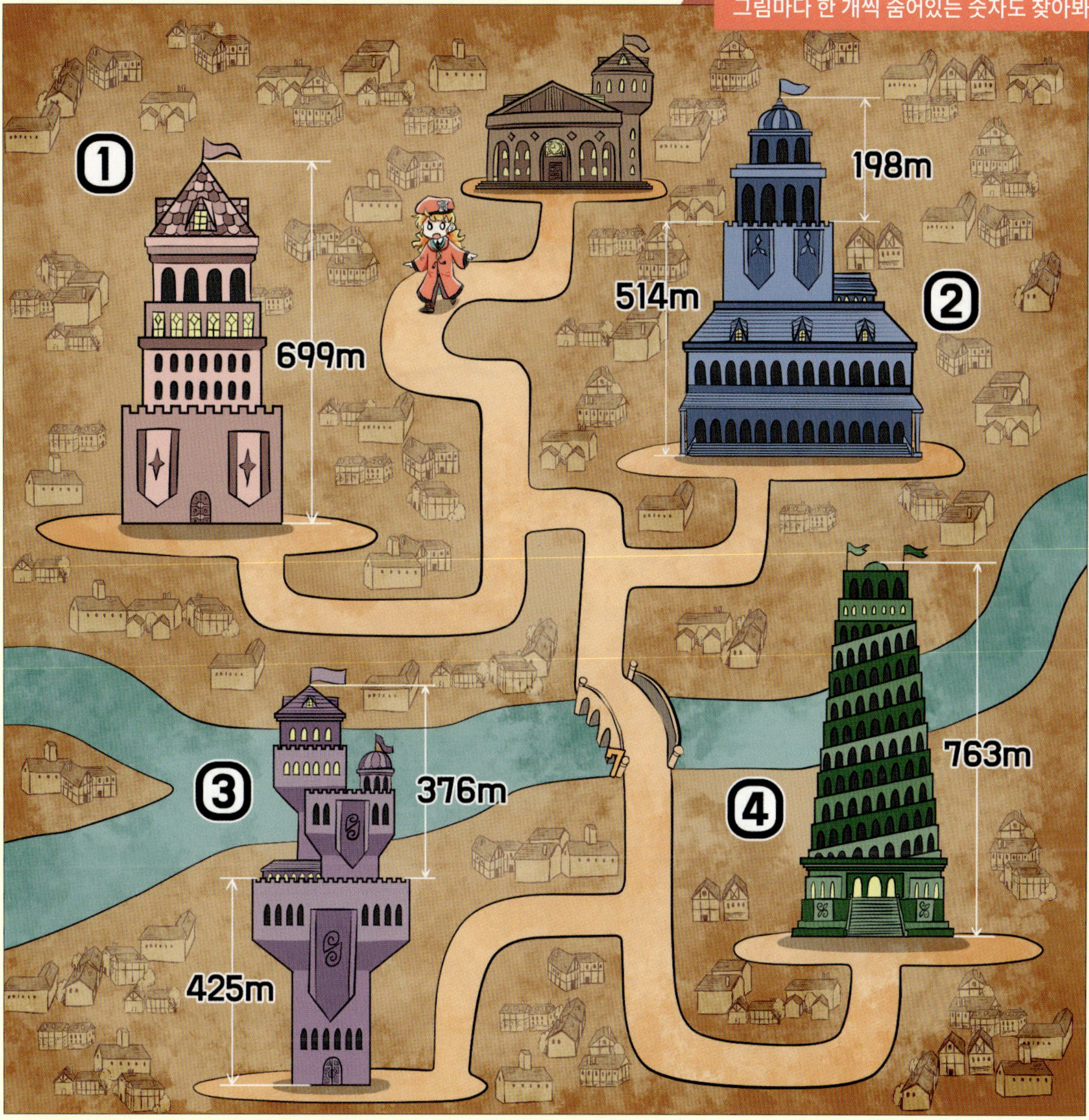

미션

편지에 쓰인 '그 성'을 찾아라

에디스 마법학교는 위대한 마법사 4명이 모여 세웠어. 세상을 떠돌아다닌다는 전설의 마법사 프랙탈은 공기 마법을 쓰는 아에르 반을 만들었지. 물, 불, 흙, 공기 마법을 모두 다룰 수 있는 마법사는 프랙탈이 유일하대. '그 성'에 가면 프랙탈을 볼 수 있는 걸까? 우리 학교에서 가장 높은 성을 찾아야겠어!

에디스 마법학교에서 가장 높은 성은 무엇일까?

"규칙이 있을 거야!"

꼭대기 층으로 올라가라!

성 안에 들어가자 오래된 승강기*가 보였어. 승강기 안에는 층수가 적힌 버튼이 있었지. 그런데 꼭대기 층으로 가는 버튼이 안 눌리는 거야! 자세히 보니 그 버튼에만 숫자가 없었어. 여기에 들어갈 숫자를 알아내야 버튼을 누를 수 있나 봐. 옵티멈 교장 선생님에게 들키기 전에 얼른 올라가야 하는데….

승강기* 사람이나 물건을 아래, 위로 나르는 장치를 말해요.

빈 버튼에 들어갈 숫자를 찾고 꼭대기 층으로 가는 버튼을 눌러라.
힌트는 '뛰어세기'다.

역시나, 옵티멈 교장 선생님의 목소리였어. 이제 전설의 마법사 프랙탈도 올라오겠지? 상자 뚜껑을 살짝 들어서 바깥을 살피려는데…. 이런, 뚜껑이 바닥에 떨어져 버렸네! 소리를 듣고 고개를 돌린 교장 선생님과 눈이 마주쳤어.

"루스, 네가 여길 어떻게?"

"교장 선생님, 사실은…."

그때, 나무 상자에서 회오리바람이 일더니 여러 물건이 튀어나오기 시작했어. 컵, 책, 가방처럼 작은 것부터 침대, 시립징같이 모서리가 날카롭고 딱딱한 물건까지 날아다녔지. 아까 내가 들어갔을 땐 나무 상자가 비어 있었는데…, 이게 어떻게 된 일이지? 회오리바람이 워낙 강해서 서 있기조차 힘들 지경이었어. 나도 나무 상자 밖으로 튕겨 나왔지.

루스, 위험해! 2호에서 계속

버스 번호에 숨은 비밀은?

할머니 댁으로 가기 위해 버스 환승* 센터에 왔어요. 162번 버스를 타야 할머니 댁으로 갈 수 있다고 했는데…. 162번 버스는 어디서 타야 할까요? 세 자리 수로 된 버스 번호가 너무 많아서 찾기가 어려워요! 도와줘요~ 슈퍼M!

글 장경아 객원기자 **진행** 최송이 기자(song1114@donga.com) **디자인** 김은지 **일러스트** 김태형 **사진** GIB
#슈퍼M #생활수학 #버스 #세_자리_수 #네_자리_수 #규칙

용어 설명

환승* 다른 노선이나 교통수단으로 갈아타는 것을 말해요.

버스 색깔부터 확인하세요!

출동! 슈퍼M! 이제 버스 색깔과 번호만 보고도 어떤 버스를 타야 할지 알 수 있도록 도와줄게요.

서울에서 버스가 지나가는 걸 본 적이 있나요? 버스의 색깔이 빨강, 파랑, 초록으로 다양하다는 걸 확인할 수 있지요. 서울시의 버스는 종류에 따라 색깔이 나뉘거든요.

간선버스   지선버스   광역버스

파란색 버스는 서울시 안에서 먼 거리를 이동할 때 주로 타는 '간선버스'예요. 만약 내가 현재 관악구에 있다면, 광진구나 용산구 등 다른 구로 이동할 때 이용해요.

초록색 버스는 '지선버스'라고 해요. 간선버스보다 좀 더 구석구석을 다니고, 서울과 가까운 경기도까지 잇는 버스이지요. 지선버스 정류장은 지하철역과 가까운 곳이 많아서, 지하철로 갈아탈 때 편리하게 이용할 수 있어요.

빨간색 버스는 서울시와 수도권★ 도시를 넘나드는 '광역버스'예요. 경기도에서 서울 도심으로 갈 일이 있다면 광역버스를 이용하는 것이 편리하지요. 광역버스는 정류장의 개수가 적은 편이어서 서울시와 수도권 사이를 더 빠르게 이동할 수 있어요.

용어 설명

수도권★ 수도를 중심으로 이루어지는 대도시권을 말해요. 우리나라의 수도권은 서울시, 경기도, 인천광역시를 포함하는 지역이에요.

번호만 알면 어디로 가는지 안다?

버스 번호가 너무 다양해서 무엇을 타야 할지 헷갈린다고요?
버스 번호에 숨은 '규칙'을 알면 쉬워요. 슈퍼M이 알려줄게요.

서울시의 버스는 규칙에 따라 번호가 정해져요. 그래서 번호만 보고도 이 버스가 어디서 출발해서 어디에 도착하는지를 알 수 있어요.

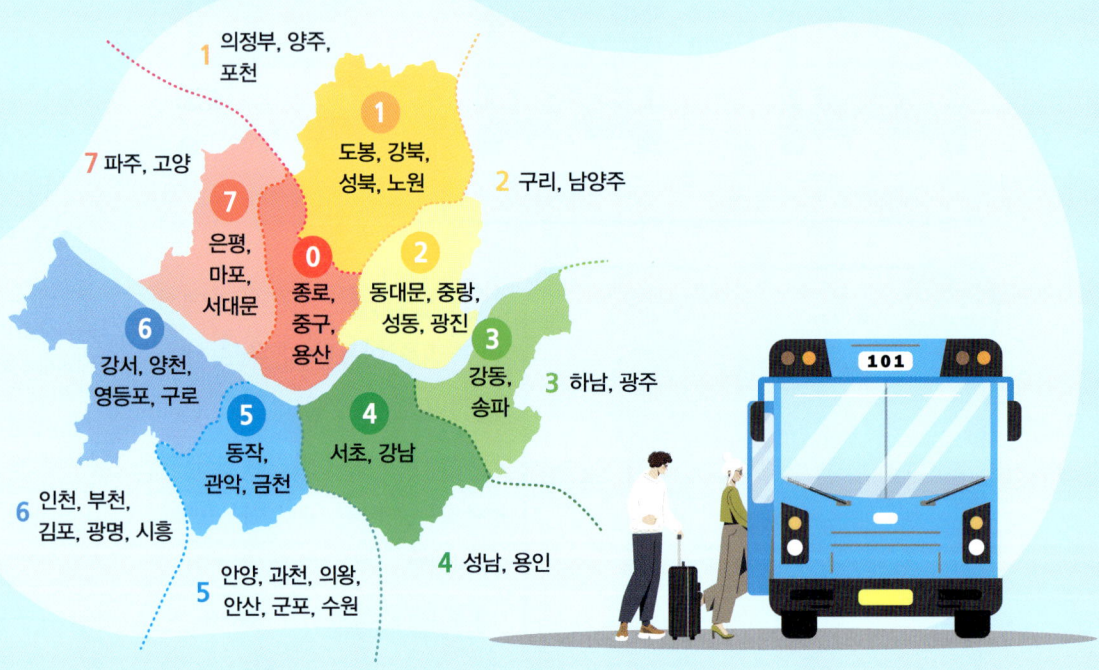

서울시와 수도권을 지역에 따라 숫자를 매겼어요. 서울시의 가장 중심부인 종로구·중구·용산구를 0번으로 정하고 북쪽의 도봉구·강북구·성북구·노원구와, 여기에서 가까운 경기도 의정부시·양주시·포천시를 1번으로 정했지요. 그다음, 동쪽에 있는 동대문구·중랑구·성동구·광진구·구리시·남양주시를 2번으로 정했어요. 중심부인 0번에서 시작해, 시계 방향으로 돌면서 7번까지 번호를 매긴 거예요.

용어 설명

일련번호★ 어떤 물건이나 종류를 구분하기 위해 붙인 연속된 번호를 말해요.

 간선버스

파란색 버스의 번호는 세 자리 수로 이뤄져 있어요. 백의 자리에 적힌 첫 번째 숫자가 출발지역이고, 십의 자리에 적힌 숫자가 도착지역을 의미해요. 일의 자리에 적힌 숫자는 버스를 구분하기 위해 붙인 일련번호★를 나타내지요. 예를 들어 파란색 버스 101번은 출발지가 도봉·강북·성북·노원구 중 하나이고, 종로·중구·용산구 중 한 곳에 도착한다는 것을 알 수 있지요.

 지선버스

초록색 버스의 번호는 네 자리 수로 이뤄져 있는데, 첫 번째와 두 번째 숫자는 각각 출발지역과 도착지역을 나타내요. 세 번째, 네 번째 숫자는 일련번호이지요. 7728번 버스는 경기도의 7번 지역인 고양시 일산서구에서 출발해 서울의 7번 지역인 서대문구까지 이동해요.

초록색 버스 번호가 두 자리 수라면 그 버스는 '마을버스'일 거예요. 마을의 구석구석을 다닌답니다.

 광역버스

빨간색 버스 번호는 네 자리 수로 이뤄져 있는데, 첫 번째 숫자는 광역버스를 의미하는 숫자 '9'인 경우가 많아요. 두 번째 숫자가 출발지역을 나타내고, 마지막 2개의 숫자는 일련번호예요. 9700번 광역버스는 출발지가 경기도 파주시 또는 고양시라는 뜻이에요. 빨간색 광역버스 중 앞자리가 9로 시작하는 버스는 서울시가 운영하는 버스, 9로 시작하지 않는 버스는 경기도에서 운영하는 버스랍니다.

번호 앞에 알파벳 'N'이 붙은 버스는 밤 11시 30분부터 새벽 6시 사이에 집중적으로 운행하는 심야버스예요. '올빼미 버스'라고도 불리지요.

내가 자주 타는 버스의 번호를 살펴보고, 어디에서 출발해 어디로 도착하는 버스인지 추측해 보세요!

※ 생활 속 해결하고 싶은 수학 고민이 있다면 슈퍼M에게 메일을 보내주세요. asksuperm@gmail.com로 신청자의 이름, 연락처와 함께 사연을 보내면 됩니다. 사연이 채택된 신청자에게는 소정의 선물을 드려요!

 **소노수정 작가** 제주도에서 다육식물과 함께 살고있는 소노수정입니다. 마음꽃에서 '황당교실'을 연재중이며, 지은 만화책으로는 〈마인드스쿨14-채소는 정말 싫어!〉, 다육식물만화 〈다육해줘〉가 있어요!

묘안* 아주 좋은 생각을 말해요.

유명 회사의 줄줄이 '해고', 대체 무슨 일?

전 세계적으로 유명한 회사인 아마존, 메타, 트위터의 로고예요.

미국 캘리포니아주에 있는 '실리콘 밸리'는 전 세계 컴퓨터 기술을 이끄는 큰 회사들이 모여 있는 곳이에요. 최근 실리콘 밸리에 있는 많은 회사들은 직원들을 '해고'했지요. 해고란 회사가 직원을 그만두게 하는 거예요.

세계에서 가장 큰 온라인 쇼핑몰을 가진 회사 '아마존'은 약 1만 명의 직원을 해고했어요. 소셜미디어 페이스북과 인스타그램을 운영하는 회사 '메타'는 직원 약 1만 명을, 소셜미디어 회사 '트위터'는 약 3700명을 해고했지요.

큰 회사들이 이렇게 많은 직원을 한꺼번에 해고하는 이유는 경제가 나빠졌기 때문이에요. 경제가 나빠져서 회사가 벌어들이는 돈이 줄면, 회사는 많은 직원들에게 월급을 주기가 힘들어지거든요. 그래서 직원 수를 줄이고 어려운 상황에 대처하려는 거예요.

승률* 전체 경기 중에서 이긴 경기가 차지하는 비율을 말해요.

얼음판 위의 두뇌 싸움! 컬링

컬링은 기다란 얼음판 위에서 커다란 돌(스톤)을 미끄러뜨리는 종목이에요.
4명의 선수가 한 팀을 이루고, 두 팀이 8~10회의 경기로 점수를 얻어 승부를 가리지요.

1회 경기에 사용하는 스톤 총 16개

경기마다 한 선수가 스톤 2개씩 미끄러뜨리니까, 한 팀에 스톤 8개, 두 팀이 총 16개의 스톤을 쓰게 되지요. 경기가 모두 끝났을 때 각 팀의 스톤이 '하우스'라는 표적*의 중심에 얼마나 가깝게 자리했는지로 점수를 매겨요. 우리 팀의 스톤은 중심에 가깝게, 상대 팀의 스톤은 중심에서 멀어지게 해야 하기 때문에 스톤의 위치, 남은 스톤의 수 등을 계산해 전략을 짜야 해요.

스톤
*무게 20kg 이하

하우스

표적* 목표로 삼는 물건이나 대상을 말해요.

알고리듬* 문제를 해결하기 위해 구체적으로 계산하는 순서나 방법을 말해요.

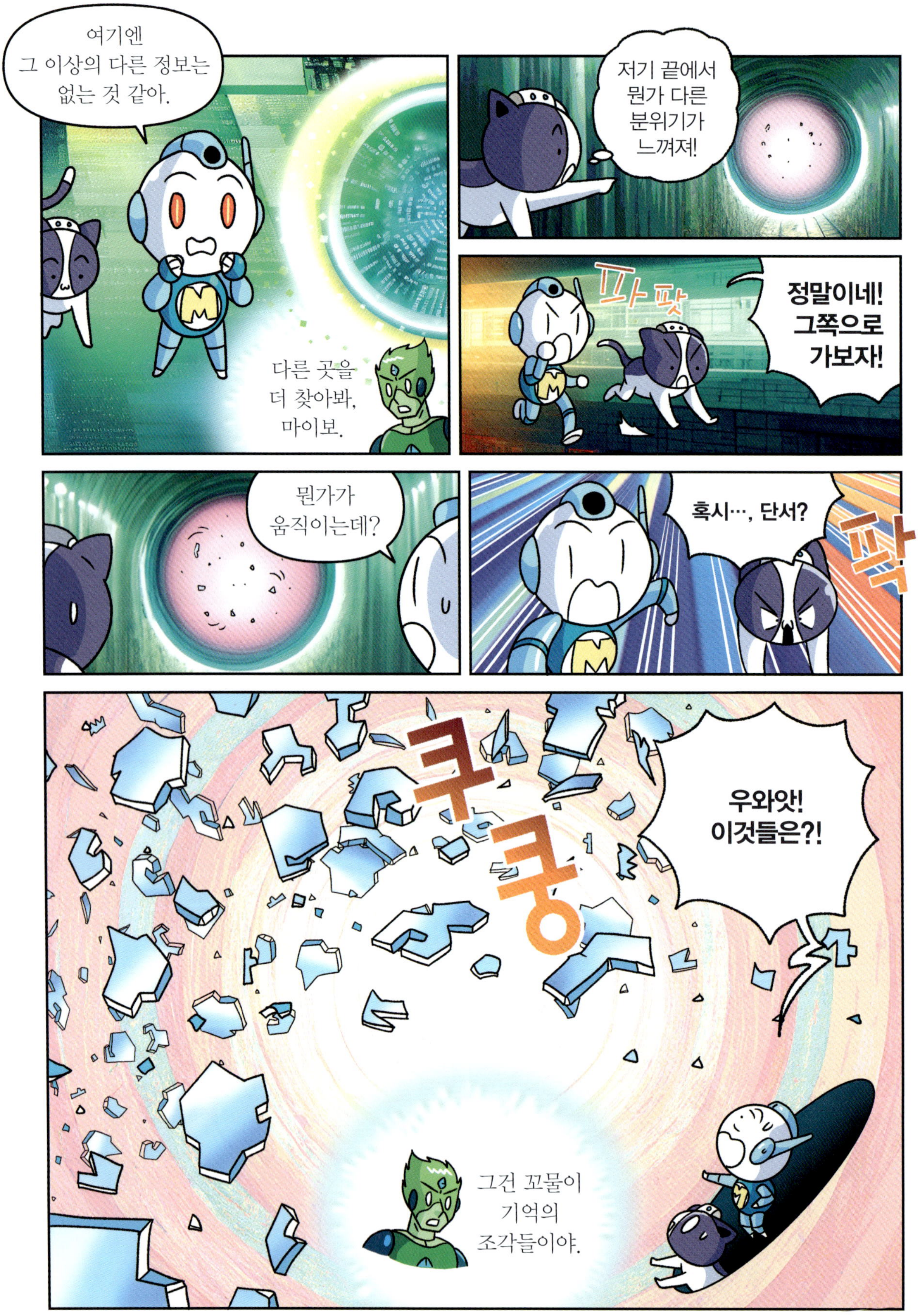

파편* 깨어지거나 부서진 조각을 말해요.

파편을 분석하는 마이보와 요미의 뒤에 수상한 그림자가?

꿀꺽! 생활 속 수학 세입

클로버 잎 4개는 행운, 숫자 4는 불운?!

1만 개 중 한 개만 발견된다는 행운의 상징, 네 잎 클로버! 4개의 고운 잎이 맞닿아 있는 모습을 보면 괜히 기분이 좋아져요. 숫자 4는 행운의 상징인가 봐요! 어라, 그런데 우리 아파트의 4층에는 숫자 4 대신 알파벳 F가 그려져 있어요. 4가 불길한 숫자라서 그렇다던데…? 과연 4는 '행운의 숫자'일까요, '불길한 숫자'일까요?

글 조현영 기자(4everyoung@donga.com) 디자인 오진희 사진 GIB
참고 김규회 <의심 많은 교양인을 위한 상식의 반전 101 '숫자 '4'는 나쁘다?'>, David Bradley 'Where to find a four-leaf clover', 김종대 '한국인들은 왜 3과 100을 좋아할까'
#행운 #숫자 #4 #7 #3

발견만 해도 행운이야! 네 잎 클로버

클로버의 우리말 이름은 '토끼풀'이에요. 클로버는 본래 3개의 잎이 나는데, 한 줄기에 타원형 잎 3개가 붙어 있어요. 잎과 잎 사이의 각도는 약 120°이지요. 세 잎이 모이면 360°가 되어 서로 겹치지 않고 햇빛을 잘 받을 수 있어요.

 잎이 4개인 네 잎 클로버는 기형★이라고 할 수 있어요. 세 잎 클로버가 1만 개 있다면 그중 1개꼴로 네 잎 클로버가 나타나거든요. 1만 개 중에서 딱 1개라니! 발견할 가능성이 무척 낮지요.

 네 잎 클로버가 행운의 상징이 된 건 먼 옛날 아일랜드에서 비롯됐어요. 아일랜드 사람들은 클로버를 들고 다니면 유령으로부터 쉽게 도망갈 수 있다고 생각했어요. 특히 희귀한 네 잎 클로버는 더 강력한 마법의 힘으로 사람들을 지켜줄 거라고 믿었지요. 이러한 믿음이 유럽, 미국 등으로도 알려지면서 네 잎 클로버는 행운의 상징이 됐어요. 아일랜드의 축젯날인 '성 패트릭의 날'에는 세 잎 클로버와 네 잎 클로버로 건물과 거리를 꾸미곤 해요.

용어 설명

기형★ 어떤 생명체에게서 드물게 나타나는 모양이나 특징을 말해요.

세 개의 잎이 모여 중심 각도가 총 360°를 이루는 세 잎 클로버의 모습이에요.

네 잎 클로버를 찾으면 내 황금도 발견할 수 있을지 몰라~.

아일랜드 전래동화에 나오는 요정 '레프러콘'이 네 잎 클로버를 들고 있는 모습이에요. 레프러콘이 네 잎 클로버 밭에 황금을 많이 숨겨놓는다는 이야기도 있어요.

4는 불운, 7은 행운?

네 잎 클로버는 행운을 상징하지만, 서양 문화에서는 4보다 7이 더 행운의 숫자로 여겨져요. 서양 국가 대부분이 믿는 종교인 기독교에서는 7을 특별한 숫자로 생각하거든요. 성경에는 하느님이 6일 동안 세상을 창조한 후 7일째 되던 날에 휴식을 취했다고 적혀 있지요. 그래서 7은 세상이 완성된 날, 즉 완전함을 뜻하는 숫자로 알려졌어요. 반면 불운의 숫자로는 13을 꼽아요. 예수가 자신의 제자 열두 명과 최후의 만찬을 할 때, 13번째이자 마지막으로 자리에 온 제자가 예수를 배신했기 때문에 13이 악의 상징이 된 거지요.

그러면 4가 불운의 숫자라는 이야기는 어디에서 나왔을까요? 바로 동양 나라들이에요. 죽음을 뜻하는 한자 '죽을 사(死)'와 숫자 4의 발음이 같기 때문이지요. 한자를 쓰는 한국, 중국, 일본 모두 4를 불운의 숫자로 여겨요. 그래서 세 나라에서는 건물의 층 번호를 매길 때 4 대신 영어 단어 Four의 첫 알파벳 F를 쓰기도 해요. 마찬가지로 서양 나라에서는 13 대신 영어 단어 Thirteen의 알파벳 T를 쓰거나, 아예 13층을 없애고 12층 다음을 14층으로 부른답니다! 나라마다 행운과 불운을 상징하는 숫자가 다르다니, 신기하지 않나요?

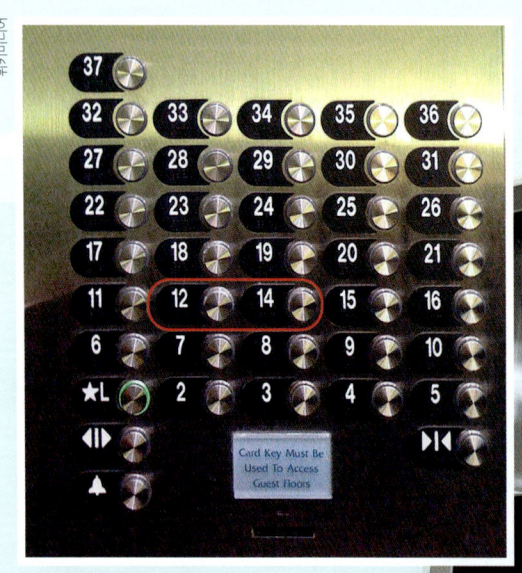

미국 호텔의 엘리베이터 버튼이에요. 13층이 없고, 12층 다음에 바로 14층이 나오지요.

서울의 한 엘리베이터예요. 4층을 알파벳 F로 표시하지요.

우리나라의 행운 숫자 3

우리나라도 서양 문화의 영향을 많이 받아 네 잎 클로버는 행운의 상징, 7은 행운의 숫자라고 생각하는 사람이 많아요. 그렇다면 우리 전통문화 속에서 행운을 뜻하던 숫자는 무엇이었을까요? 바로 3이에요. 동양에서는 하늘, 땅, 사람 3가지가 모여서 우주의 균형을 이루고 있다고 믿었어요. 따라서 3은 균형과 완전함을 뜻하게 됐지요.

우리나라의 건국 신화★에도 하늘의 신 환인, 환인의 아들 환웅, 환인의 손주 단군 이렇게 3명이 인간 세상을 보살피면서 평화롭게 다스렸다는 이야기가 나와요. 환웅이 하늘에서 인간 세상으로 올 때 함께 온 부하 장군도 3명, 들고 온 신의 물건도 검, 방울, 거울 등 3개였지요. 3이 정말 많이 등장하네요! 그만큼 숫자 3은 먼 옛날부터 우리나라 사람들에게 중요한 의미를 지녔어요. 전래동화에는 3형제, 셋째 딸이 주인공으로 자주 등장하고, '삼시 세끼(아침, 점심, 저녁으로 하루에 세 번 먹는 밥)', '삼색나물'처럼 3이 들어가는 말도 많답니다.

제사를 지낼 때 차리는 삼색나물의 모습이에요. 흰 도라지, 갈색 고사리, 초록색 시금치를 쓰지요.

용어 설명
건국 신화★ 한 나라가 어떻게 만들어졌는지에 관한 신비한 이야기를 말해요.

오늘 무슨 요일이야? 달력 만들기

오늘이 무슨 요일이더라…? 음, 달력을 봐야겠어요.
내 방에 달력이 없다고요? 걱정마세요.
똥손 기자와 함께 만들면 되니까요!

글 박건희 기자(wissen@donga.com) 디자인 김은지 사진 GIB
#수학체험실 #새해 #달력 #자연수 #덧셈

박건희 기자

나의 이번 주 계획은 말이지…!

만약에 달력이 없었더라면

달력 없는 세상을 상상해 보세요. 설날은 언제인지, 내 생일까지 얼마나 남았는지 알기 어려울 거예요. 이처럼 우리의 일상 깊숙이 자리 잡은 달력. 달력은 시간의 흐름에 따라 날짜에 순서를 매겨서 적어놓은 거예요.

우리가 주로 사용하는 달력은 1년을 기준으로 만들어요. 1년은 열두 달이니까, 한 해의 달력엔 1월부터 12월까지 적혀 있지요. 한 달(월)은 28~31개의 '일'로 이뤄져 있어요. 또, 고대 사람들은 7일을 기준으로 날(일)에 이름을 붙였어요. 그게 바로 '요일'이에요. 태양계의 천체인 태양, 달, 화성, 수성, 목성, 금성, 토성의 순서로 일, 월, 화, 수, 목, 금, 토요일이 되었답니다.

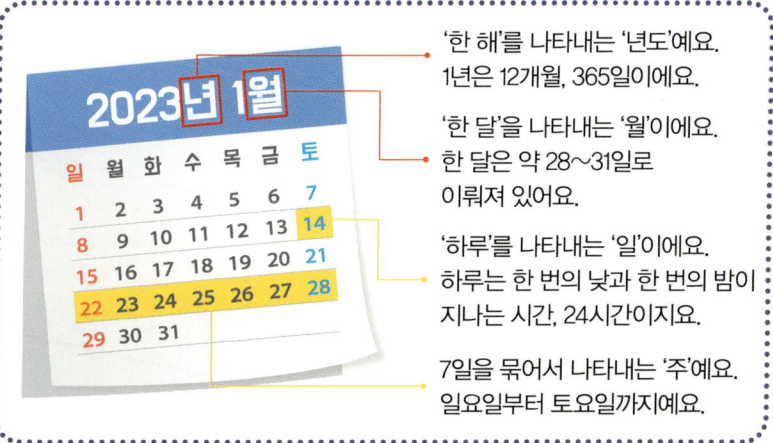

- '한 해'를 나타내는 '년도'예요. 1년은 12개월, 365일이에요.
- '한 달'을 나타내는 '월'이에요. 한 달은 약 28~31일로 이뤄져 있어요.
- '하루'를 나타내는 '일'이에요. 하루는 한 번의 낮과 한 번의 밤이 지나는 시간, 24시간이지요.
- 7일을 묶어서 나타내는 '주'예요. 일요일부터 토요일까지예요.

달력에서 올해의 첫 번째 날을 찾아볼까요? 올해는 2023년이고 첫 번째 달은 1월이에요. 1월의 첫 번째 날은 1일이에요. 2023년 1월 1일은 한 주의 시작, 일요일이네요!

작은 숫자 여러 개가 모여 하루가 되고, 일 년이 되는 신기한 달력. 우리만의 달력을 직접 만들어 볼까요?

첫날부터 알차네! 달력 만들기

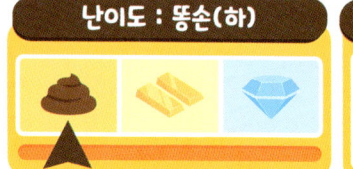
난이도 : 똥손(하)

만들기 시간 1시간

달력 도안

내 손으로 내가 만드는 달력! 특별한 날도 함께 표시해 보세요!

준비물

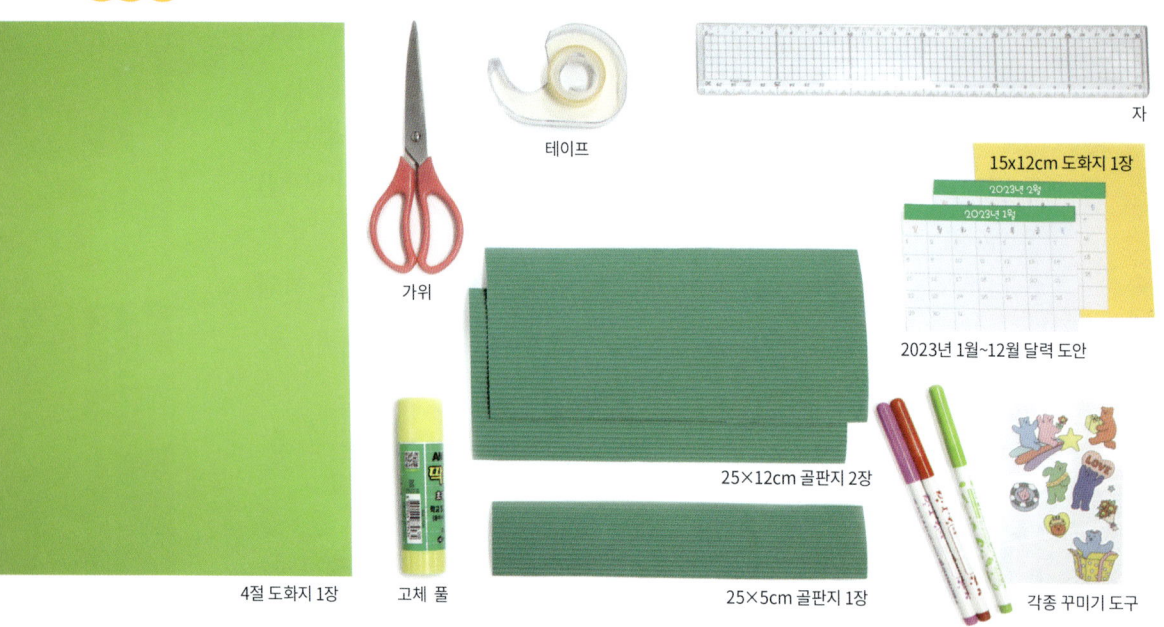

- 4절 도화지 1장
- 가위
- 테이프
- 자
- 15x12cm 도화지 1장
- 2023년 1월~12월 달력 도안
- 고체 풀
- 25×12cm 골판지 2장
- 25×5cm 골판지 1장
- 각종 꾸미기 도구

1 4절 도화지를 반으로 접었다 펴요. 도화지 양 끝도 6cm씩 접었다 펴요.

2 25×12cm 골판지 2장을 각각 ❷와 ❸에 붙여요. 25×5cm 골판지는 ❹에 붙여요.

3

❶의 뒷면에 풀칠한 뒤, ❹와 맞닿도록 붙여요.

4

삼각기둥★ 모양의 달력 몸통이 완성됐어요.

5

15×12cm로 자른 사각형의 한 변을 약 3cm 접어 올려요. 달력을 놓을 받침대예요.

6

❺를 달력 몸통에 붙여요. 이때 받침대가 있는 방향이 아래로 가야 해요.

7

놀이북 25쪽과 달력 도안을 이용해 월별 달력을 준비해요. 달력에 생일 등 중요한 행사를 표시해요.

달력 완성!

달력을 받침대 위에 올려요. 각종 꾸미기 도구를 이용해 '달력 꾸미기'를 해 보세요. 지난 달력은 달력 몸통의 빈 공간에 넣어두면 돼요.

삼각기둥★ 위와 아래에 있는 두 밑면이 삼각형인 입체도형이에요.

옥톡과 달냥의 우주 탐험대

안녕? 우린 우주인이 되기 위해 특수훈련을 마친 옥톡과 달냥이야. 어느 날, 우주 저 멀리에 있는 외계인으로부터 신호가 왔어. 당장 그들을 만나러 갈 거야! 우린 우주를 떠돌아다니는 여러 탐사선에서 부품을 모아 우주에서 최고로 멋진 우주선을 만들기로 했어. 자, 그럼 첫 탐사선으로 떠나 볼까?

글 김준수(과학동아천문대 astronomian@donga.com)
진행 박건희 디자인 오진희 일러스트 김태형, GIB 사진 NASA
#국제우주정거장 #ISS #지구

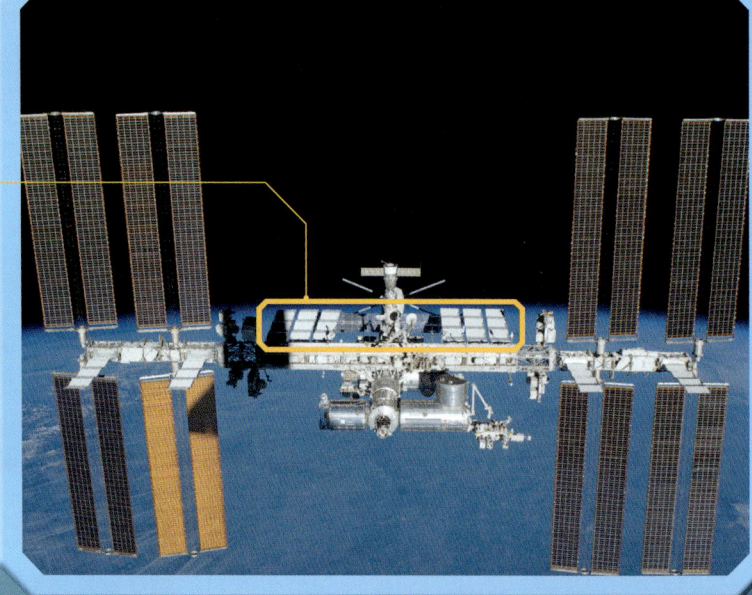

즈베즈다 모듈 획득! 우주인이 생활하는 공간이야. 침실, 화장실은 물론 체력단련실도 있다고~!

옥톡

국제우주정거장(ISS)

지구에서 약 **400km** 높이에 떠 있어요.
서울과 부산 사이의 거리와 맞먹을 만큼 긴 거리예요.
하루 **15번** 지구의 주변을 공전*해요.
우주정거장엔 1998년부터 우주인이 머물기 시작했어요. 이들은 정거장 안에서 우주를 관찰하고 연구한 뒤 지구로 돌아온답니다.

용어 설명
공전* 한 천체가 다른 천체의 주변을 일정한 간격으로 되풀이해서 도는 것을 말해요.
직선* 꺾이거나 굽은 데 없이 곧게 뻗은 선이에요.

우주선 에너지 충전 미션

우주인으로 선발된 여러분! 국제우주정거장에서 일주일 동안 머물 거예요. 단 5kg의 물건만 가져갈 수 있다면 무엇을 챙길 건가요? 가방 속 물건을 그림으로 그려보세요.

지구

푸른 생명의 행성, 우리의 고향!
지구 둘레 위의 한 곳에 점을 찍고, 지구의 중심을 지나 반대쪽 점까지 닿는 긴 직선*을 그으면 그 길이는 **12,742km**예요.
이 길이를 지구의 '지름'이라고 부르지요.
지구의 나이는 약 **4,500,000,000살**이고,
약 **8,000,000,000명**의 사람이 살고 있어요. (2022년 기준)

우주선에 에너지가 충전되도록 미션을 해결하고 '플레이콘'에 올려줘!

수플리
수학 플레이리스트

담당 조현영 기자
(4everyoung@donga.com)

 보드게임

셈셈 피자가게
행복한바오밥
happybaobab.com
33,000원
이용 연령 | 6세 이상
참여 인원 | 2~4명

1
피자 도마 위에 '주방장 카드'를 잘 섞어서 뒷면이 보이게 쌓아요.

2
각 참가자는 '피자 주문서' 1장, '덧셈뺄셈 카드' 3장을 받아요.

3
말을 나눠 가진 뒤 10번 칸에서 시작해요. 가위바위보로 순서를 정해요.

4
덧셈뺄셈 카드 중 하나를 써서 말을 옮겨요. 예를 들어, 10번 칸에서 +1 카드를 쓰면 11번 칸으로 가요. 사용한 카드는 버리고 새 카드를 뽑아요.

5
1~6번 칸에 도착하면 각 칸에 해당하는 재료를 얻을 수 있어요. 8, 9번 칸에서는 주방장 카드를 뽑아요.

6
피자 주문서 위의 재료를 모두 얻으면 피자가 완성돼요. 먼저 3개의 피자를 완성하는 사람이 승리!

➕ 놀면서 배우자!

- 여러 가지 수를 더하고 빼며 머릿속으로 계산하는 실력이 점점 좋아져요. 예를 들어, 15에 8을 더한 값은 20에 3을 더한 값과 같다는 것을 금세 알게 되지요.
- 전략을 세우게 돼요. 똑같이 10번 칸에서 출발했어도, 원하는 토핑에 따라 어떤 카드를 내야 유리한지 고민하는 재미가 있지요.
- +48, -33 등 두 자릿수의 덧셈과 뺄셈도 할 수 있어요. 게임판을 뒤집어 100개의 칸에도 도전해 보세요!

영상

유튜브 캡처

생활 곳곳에 숨어있는 원주율

원의 둘레는 원의 지름보다 항상 약 3.14배 길어요. 이를 원주율이라고 해요. 원의 둘레와 원의 지름 사이의 비율을 뜻하는 말이지요. 원주율은 우리 생활에서 많이 쓰이고 있어요. 원기둥 모양의 음료수 캔을 만들 때도, 자동차 속도를 잴 때도 원주율이 필요하지요. 뿐만 아니라 우주의 인공위성에도 원주율이 숨어있다고 해요. 원주율의 놀라운 힘에 관한 설명을 영상으로 확인해 보세요!

책

빨간 모자와 시끌벅적 숲속 선거

엘 에마토크리티코 글 | 마르 비야르 그림 | 봄볕 | 13,000원

동화의 숲 주민들에게 큰 고민이 생겼어요! 소원을 들어주는 요정 지니에게서 신비한 마법의 힘이 사라졌다는 거예요. 어떤 소원을 빌면 좋을지 고민하던 주민들은 실망하지만, 빨간 모자는 지니의 힘을 빌리는 대신 모두 힘을 합쳐 숲을 더 살기 좋은 곳으로 만들자고 해요. 그리하여 시작된 동화의 숲 시장 선거! 기호 1번 빨간 모자는 시장이 될 수 있을까요?

책

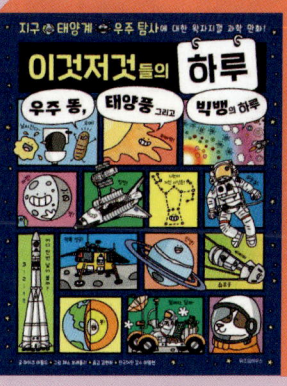

이것저것들의 하루 4: 우주 똥, 태양풍 그리고 빅뱅의 하루

마이크 바필드 글 | 제스 브래들리 그림 | 위즈덤하우스 | 16,000원

사람, 동물, 기후 등 이것저것의 생생한 정보를 알려주는 '이것저것들의 하루' 네 번째 시리즈는 우주에 관한 이야기를 재미있는 만화로 설명해요. 우주에서 눈 똥과 오줌은 어디로 가는지, 우주 비행사가 되려면 무엇을 준비해야 하는지 등 우주 속 이것저것들의 하루를 꼼꼼하게 읽어 보세요!

영상

수만 장의 장미 꽃잎을 달여 만드는 시럽

아제르바이잔 시골 마을의 평화로운 일상! 할머니가 간식으로 먹을 시럽을 만들기 위해 장미 꽃잎을 한 아름 따 왔어요. 한 잎 한 잎 정성스럽게 씻는데…, 세상에! 양이 도대체 얼마나 되는 거죠? 산처럼 수북한 장미 꽃잎의 총 무게는 약 14kg이라고 해요. 장미 꽃잎 한 장의 무게를 알면 총 몇 장의 꽃잎이 있는지 알 수 있겠어요. 장미 시럽을 만드는 모습을 보며 몇 장의 장미가 쓰였을지 헤아려 봐요!

※과물입러: 뭔가에 깊이 빠진 사람을 재밌게 부르는 유행어.

- 간식 세는 법 -

글·그림 최수경 콘텐츠 최송이 기자(song1114@donga.com)

 최수경 작가 애니메이션과 웹툰을 그리고 있습니다. 개성 있고 사랑스러운 그림으로 사람들을 행복하게 해주고 싶어요. :)

〈어수동〉 편집부는 간식 셀 때도 수학을 활용한다고!

한 달에 두 번, 어린이 수학동아가 찾아갑니다!

<어린이수학동아>를 정기구독으로 만나보세요. 한 달에 두 번 최신 호를 가장 빠르게 받아볼 수 있습니다. 1년을 구독하면 초등 수학의 5개 영역을 담은 <어린이수학동아> 24권을 모두 받을 수 있어요. 또, 정기구독 독자에게만 드리는 혜택도 누릴 수 있어요!

★ **정기구독으로 초등 수학 완전 정복!**

23년 주제호 구성안	1월	2월	3월	4월	5월	6월
	여러 가지 수	덧셈과 뺄셈	도형	도형	도형	곱셈과 나눗셈
	여러 가지 수	덧셈과 뺄셈	도형	도형	곱셈과 나눗셈	곱셈과 나눗셈

	7월	8월	9월	10월	11월	12월
	분수와 소수	분수와 소수	측정	측정	자료와 가능성	규칙 찾기
	분수와 소수	분수와 소수	측정	자료와 가능성	자료와 가능성	규칙 찾기

※ 정기구독 신청일 기준으로 해당 월호가 배송되며 1년 중 주제호 24권을 모두 받을 수 있습니다.

어린이수학동아 정기구독 혜택 100% 누리기!

기자단 활동
★ 전국 과학관 및 박물관 상시 무료 입장
★ 내가 쓴 기사를 현직 기자가 첨삭!
★ 기사와 체험 활동은 포트폴리오로 관리

팝콘플래닛

연장회차별 DS캐시 지급
★ 현금처럼 사용가능한 DS캐시 제공
★ 5,000캐시부터 최대 15,000캐시까지 즉시 할인

DS 스토어

디라이브러리 무료
★ 동아사이언스 모든 매거진(어린이수학동아, 어린이과학동아, 수학동아, 과학동아) 무료 이용
★ 연 480,000원 상당 혜택

디라이브러리

시민과학 프로젝트 참여 기회 제공
★ 이화여대 장이권 교수와 함께하는 **지구사랑탐사대 우선 선발**
★ AAAS 국제과학언론상 수상! **우리동네 동물원 수비대 우선 선발**
★ 줍깅! 분리배출! 플라스틱 일기까지! **플라스틱 다이어트 프로젝트 참여**

어수동을 오디오로 들어요!
★ 각 기사의 첫 페이지에 있는 QR코드를 스마트폰으로 찍고 오디오를 들어요.
★ 매월 20개 이상의 어수동, 어과동 오디오 콘텐츠를 만나 보세요.

오디오쏙

어수동×어과동 기자단 가입하고
78개 전국 과학관·박물관 취재하세요!

양윤서
동아사이언스
위 사람은 동아사이언스에서 운영하는 어과동, 어수동 기자단임을 증명합니다.

<어린이수학동아>를 정기구독해서 보는 친구에게는 정말 좋은 혜택이 있어요! 바로 어린이수학동아×어린이과학동아 기자단 활동! 기자는 원하는 정보를 얻기 위해 해당 분야 전문가를 만나 취재하고 기사를 쓰죠. 친구들도 <어수동> 기자처럼 전국 78개 과학관과 박물관에 무료 입장해 취재하고 기사를 쓸 수 있어요. 기사를 써서 팝콘플래닛 '기사콘'에 올리면 <어수동> 기자가 직접 첨삭해 기사를 출고합니다. 기자단에 가입하고 꼭 기자단 혜택을 누리세요!

기자단에 가입하면 얻는 혜택

혜택 1 78개 — 전국 주요 과학관 및 박물관 무료 또는 할인 입장

혜택 2 첨삭 — 현직 기자의 글쓰기 첨삭 지도

혜택 3 취재 — 다양한 현장 취재 참여

혜택 4 포트폴리오 — 내가 쓴 기사를 내려받을 수 있는 포트폴리오 제공

앱 설치하고 모바일 기자단증을 받으세요!

정기구독 신청 (02)6749-2002

정기구독 할인 안내 — 최대 **135,600**원 가격 할인

정기구독료

	구분	정가	할인금액	할인	비고
단품	1년 정기구독료(24권)	264,000	224,400	15%	39,600원 할인
	2년 정기구독료(48권)	528,000	422,400	20%	105,600원 할인

패키지 구독료

	구분	정가	할인금액	할인	비고
패키지 1년 정기 구독료	어린이수학동아 + 어린이과학동아	576,000	460,800	20%	115,200원 할인
	과학동아 + 어린이과학동아	510,000	408,000		102,000원 할인
	수학동아 + 어린이과학동아	480,000	384,000		96,000원 할인
	과학동아 + 수학동아	366,000	292,800		73,200원 할인
	과학동아 + 수학동아 + 어린이과학동아	678,000	542,400		135,600원 할인

※위의 패키지 상품은 어린이수학동아 독자 연령에 맞는 대표 패키지입니다.
추가로 다양한 패키지 상품을 구매할 수 있습니다(상세 가격은 'DS스토어' 홈페이지 참고).

※패키지 2년은 1년 할인가에 추가로 할인이 제공됩니다.

어린이 수학동아 편집부 ♥ 후기 ♥

😎 최은혜 편집장
일본 애니메이션에서 갓 튀어나온 것만 같은 한 상 차림. 내가 만화 속 주인공이 된 느낌이었어요. 냠냠 쩝쩝.
#도토리카페 #슈퍼아님

😂 최송이 기자
작은 닥스훈트 '훙시'에게 겨울을 따뜻하게 보낼 수 있는 곰돌이 모자를 선물했어요. 정말 잘 어울리지 않나요? 모자를 벗기자마자 장난감처럼 열심히 물고 돌아다닌 건…, 못 본 걸로 할래요.

😜 김연진 기자
여러분이 자신 있는 요리는 무엇인가요? 저는 피자! 앉은 자리에서 피자 6판을 단번에 구워 '썸썸 피자가게'의 에이스가 되었답니다! 만화 '요리왕 구단지'를 열심히 보면 잘하는 요리 하나쯤은 생길지도?!

🤩 박건희 기자
여러분! 전 2023년엔 저금왕이 되기로 했어요. (진짜?) 첫째 주 10,000, 둘째 주 20,000, 셋째 주 30,000…. 이렇게 매주 만 원씩 늘려가며 저금하는 거예요. 과연 26주 후엔 얼마가 모일까요?

🤡 조현영 기자
우리 <어수동> 독자 중에도 태권도를 잘하는 친구가 많겠죠? 새해를 맞아 새로운 마음으로 태권도 배우기에 도전! 흰띠부터 다시 시작합니다! 지금은 흰띠지만, 저도 초등학생일 땐 품띠까지 땄었다고요~.

😍 오진희 디자인 파트장
아니 벌써?! 2023년 새해가 밝았어요! 올해부터는 만 나이가 도입된다고 하는데 그럼 올해 생일엔 작년과 같은 수의 초를 꽂는 걸까요? 한 살 어려진다니 좋긴 좋네요. ㅋㅋ
#귀여운푸케이크

😈 김은지 디자이너
<어수동> 막내즈~!~! 같은 색 옷을 입은 것만으로도 깔깔 웃으며 즐거웠답니다! 다음 커플룩은 누구와 입게 될까요~?

내가 바로 <어수동> 표지 작가!

독자 여러분이 멋지게 완성한 <어수동> 표지를 소개합니다. 놀이북 표지를 내 맘대로 색칠하고 '플레이콘'의 놀이터-어린이수학동아 게시판에 자랑해 주세요!

베스트 표지

독자 오남순(olivia1345)

1호 표지

지금 바로 표지 작가에 도전하세요! 베스트 표지에 뽑히면 선물을 드려요!

기자의 한마디

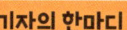

★초록색 털모자를 야무지게 챙겨 쓴 펭귄이라니! 아이디어가 무척 좋네요. 알록달록 목도리와도 잘 어울려요. ^^

★자세히 살펴보면 펭귄마다 다른 색깔을 가지고 있군요. 다양한 펭귄이 모여 묶어세기, 뛰어세기를 하는 펭귄 마을 완성~! 정말 재미있는 작품이에요!

※ 베스트 표지로 선정된 분은 4everyoung@donga.com으로 이름, 주소, 전화번호를 보내주세요!

조기자

어수동 찐팬을 만나다

"헬로 매스 지옥 선수촌 진짜 재밌어요! 운동도 수학도 즐거워~!"

글 조현영 기자(4everyoung@donga.com)

<어린이수학동아>의 진짜진짜 '찐팬'을 소개합니다! 찐팬으로 선정된 독자의 교실로 <어수동>을 보내드려요.

곽소영

다정한 얼굴로 고양이를 바라보고 있는 곽소영 독자의 모습이에요.

어수동 〈어수동〉에서 어떤 것을 가장 좋아하나요?

'헬로 매스 지옥 선수촌' 만화를 가장 인상 깊게 읽고 있어요. 저는 운동을 잘하고 좋아하는데, 이 만화에 올림픽 종목인 양궁, 역도, 수영, 펜싱 등 운동 얘기가 나와서 더욱 재미있게 봤어요! 앞으로도 헬로 매스 지옥 선수촌에 어떤 종목의 운동과 수학 이야기가 나올지 무척 기대돼요.

어수동 〈어수동〉을 읽고 새로 알게 된 것이 있나요?

2022년 11월 15일자 <어수동>에서 '출동! 수학 히어로 슈퍼 M -두루마리 휴지가 갑자기 줄어드는 이유는?' 기사를 읽고 무척 신기했어요. '화장실에서 쓰는 휴지에도 이런 수학 원리가 숨어 있다니!' 하는 생각이 강하게 들었지요. 앞으로 또 어떤 물건 속 어떤 수학 원리에 대해 알게 될지 정말 궁금해요!

어수동 20년 뒤에는 뭘 하고 있을 것 같아요?

저는 수의사, 웹툰 작가 그리고 배드민턴 선수가 되고 싶어요! 동물을 좋아하고, 미술과 운동도 좋아하거든요. 세 가지 직업 모두 수학을 잘 알아야 할 수 있을 것 같아요. 수의사는 동물을 수술할 때 시간 계산을 잘해야 할 거고, 웹툰 작가가 된다면 수학과 관련된 만화책을 만들고 싶어요. 또 배드민턴에서는 공을 치는 각도와 힘의 세기 등을 조절하는 데 수학이 필요하지요.

곽소영
경기 파주
통일초등학교 4학년

어린이 수학동아 놀이북

수와 연산 — 여러 가지 수 ❶

- 유대현 쌤의 사고력 쑥쑥 수학 놀이
- 놀러와! 도토리 오락실 | 집으로 가는 길을 찾아라!
- 논리+수리+공간+추리! 말랑말랑 두뇌퍼즐
- 킹과 룩이 힘을 합치는 체스 전략! 캐슬링

예쁘게 색칠해서 '**플레이콘**'에 올려주세요!

팝콘플래닛으로 놀러오세요!

팝콘플래닛은 어떤 곳인가요?
팝콘플래닛은 어린이의 상상으로 태어난 가상세계입니다.
총 4개의 콘으로 구성돼 있어요.

 나의 작품을 직접 연재하는
웹툰/소설/그림 작가 되기!

 기사도 쓰고~ 토론도 하고~
어과수 기자단 활동하기!

 어린이수학동아, 어린이과학동아
콘텐츠를 한눈에 쏙!

 지구를 지켜라!
시민과학자 되기!

 팝콘플래닛에 들어가는 방법은?

웹(PC)으로 접속할 때
포털사이트에서 '팝콘플래닛'을 검색하거나 주소창에 www.popcornplanet.co.kr을 입력하세요.

앱(스마트폰/태블릿PC)으로 접속할 때
구글/앱 스토어에서 '팝콘플래닛'을 검색한 다음 앱을 설치하세요.

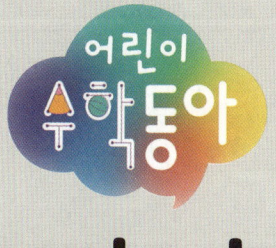

contents

- **02** 사고력 쑥쑥! 수학 놀이
- **06** 이야기로 냠냠! 어수잼
  펭하의 친구를 소개합니다!
- **08** 수학 궁금증 해결! 출동, 슈퍼M
  버스를 타고 떠나볼까?
- **10** 놀러와! 도토리 오락실
- **12** 말랑말랑 두뇌퍼즐
- **16** 어수동네 놀이터
- **18** 도전! M 체스 마스터
  킹과 룩의 전략적인 움직임! 캐슬링
- **21** 도전! M 체스 마스터 카드
- **23** 나만의 버스 만들기
- **25** 2023년 달력 만들기

사고력 쑥쑥! 수학놀이

콘텐츠 유대현 서울유현초등학교 교사
(전 서울 중부교육지원청 영재교육원 강사)
디자인 오진희 **일러스트** GIB
#수 #규칙 #숫자

로마숫자를 더해라!

 먼 옛날 로마 사람들이 만든 숫자예요.

1	2	3	4	5	6	7	8	9	10
I	II	III	IV	V	VI	VII	VIII	IX	X
20	30	40	50	60	70	80	90	100	500
XX	XXX	XL	L	LX	LXX	LXXX	XC	C	D

 계산한 값을 찾아 선으로 이어보세요.

VII + IX •   • XXXIII

XXVI + XIII •   • LV

XIX + XIV •   • XVI

XL + XV •   • XXXIX

X와 I를 합치면 10+1이야!

 빈칸을 채워보세요.

IV = [V] − [I]   IX = [ ] − [ ]

XL = [ ] − [ ]   XC = [ ] − [ ]

IV는 V에서 I를 뺐다는 뜻이구나!

 로마숫자로 가로, 세로, 대각선의 합이 같도록 사각형을 채워 보세요.

	V	

힌트!
더해서 15가 되는 수들을 찾아볼까? 정답은 여러 가지! 다른 답도 찾아봐.

마야 달력 만들기

 먼 옛날 마야 사람들이 썼던 숫자로 달력을 만들었어요. 규칙을 찾아 빈칸을 채워보세요.

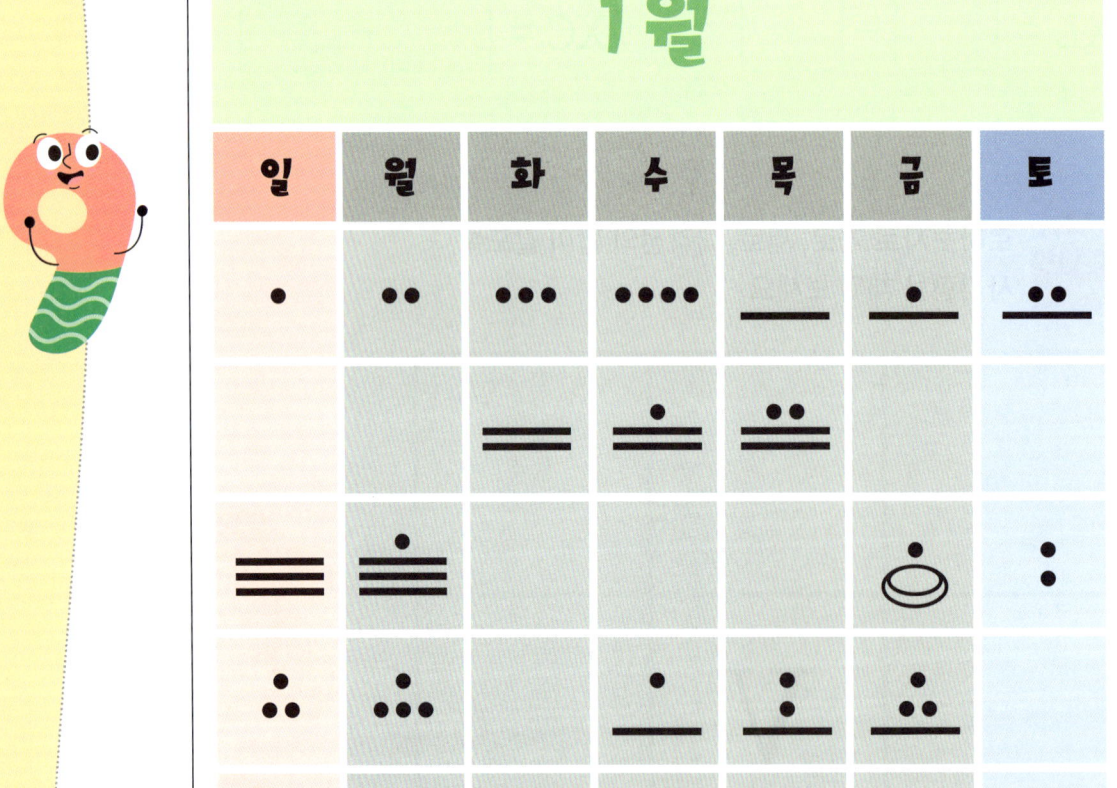

달콤한 꿀을 찾는 수는?

💡 곰이 꿀을 찾아가는 올바른 길 위에 놓인 수들을 모아 보세요.

모은 수를 모두 합하면 얼마인가요?

*정답은 우리에게 익숙한 인도-아라비아 숫자(1, 2, 3…)로 적으세요.

펭하의 친구를 소개합니다!

옆 마을에 사는 펭이 말고도, 나에겐 친구들이 아주 아주 많다는 말씀!
우리 마을에 사는 내 친구들을 소개할게!

글 최송이 기자(song1114@donga.com) **디자인** 오진희 **일러스트** 남동완, GIB
#뛰어세기 #묶어세기 #자리 #세자리수

펭하는 인기쟁이!

짜잔~! 여기 있는 펭귄들이 모두 나, 펭하의 친구들이라고! 정말 많지? 모두 몇 마리인지 한번 세어 봐. 한 마리씩 일일이 세면 너무 힘들 테니, 10마리씩 동그라미로 묶어서 세어 봐!

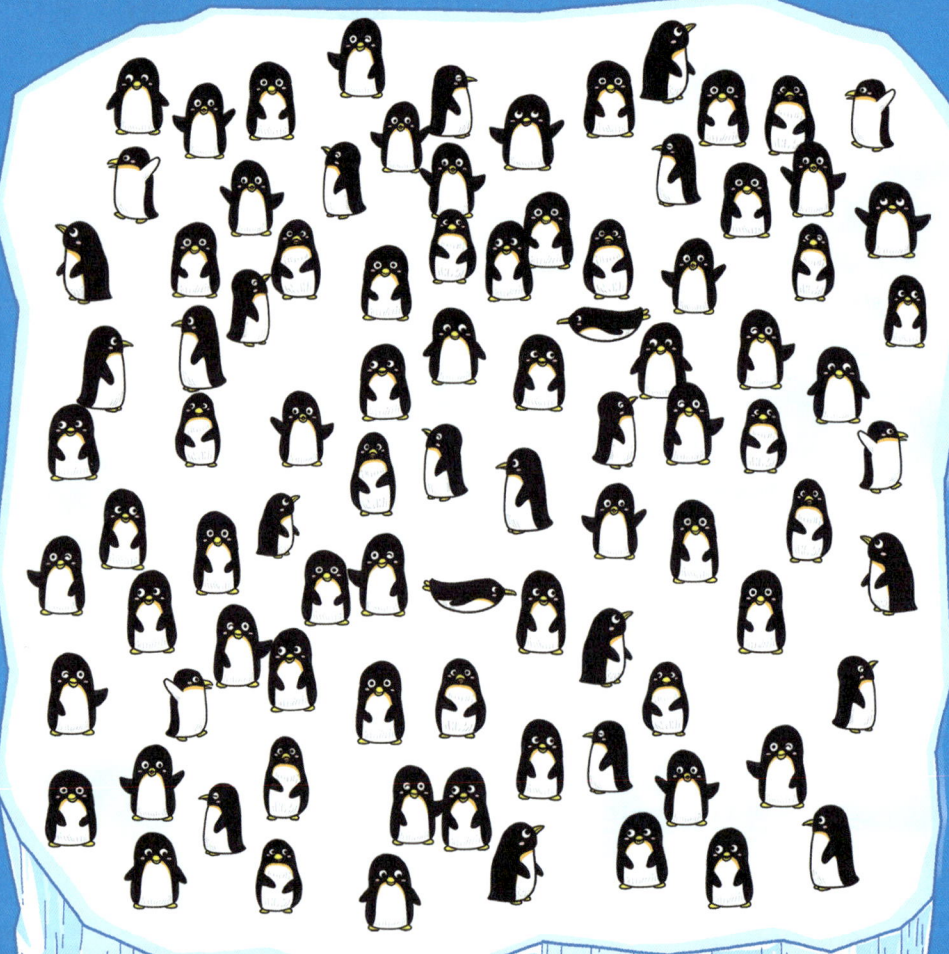

펭하의 친구는 모두 _____ 마리

펭돌이를 색칠해 줘!

그림 속 이 친구의 이름은 펭돌이야. 알록달록한 목도리가 펭돌이의 매력 포인트인데, 그림만 그리고는 색칠을 다 못했어. 아래 규칙에 따라 펭돌이를 색칠해 줘!

규칙

1. 1부터 1씩 뛰어 센 수는 회색 으로 색칠해 줘. (15까지)
2. 111부터 10씩 뛰어 센 수는 분홍색 으로 색칠해 줘. (291까지)
3. 301부터 100씩 뛰어 센 수는 하늘색 으로 색칠해 줘. (901까지)
4. 숫자가 적혀 있지 않은 부분은 원하는 색으로 자유롭게 색칠하자!

완성된 펭돌이의 그림을 '플레이콘'에 올려 주세요. 추첨을 통해 선물을 드려요!

출동, 슈퍼M
수학 궁금증 해결!

버스를 타고 떠나볼까?

띵동! 슈퍼M에게 새로운 미션이 도착했어요. 버스 번호에 숨겨진 비밀만 알면, 쉽게 해결할 수 있는 미션이라는군요. 여러분이 슈퍼M과 함께 미션을 해결해 봐요!

글 장경아 객원기자 진행 최송이 기자(song1114@donga.com) 디자인 김은지
일러스트 김태형 사진 GIB
#슈퍼M #생활수학 #버스 #세_자리_수 #네_자리_수 #규칙

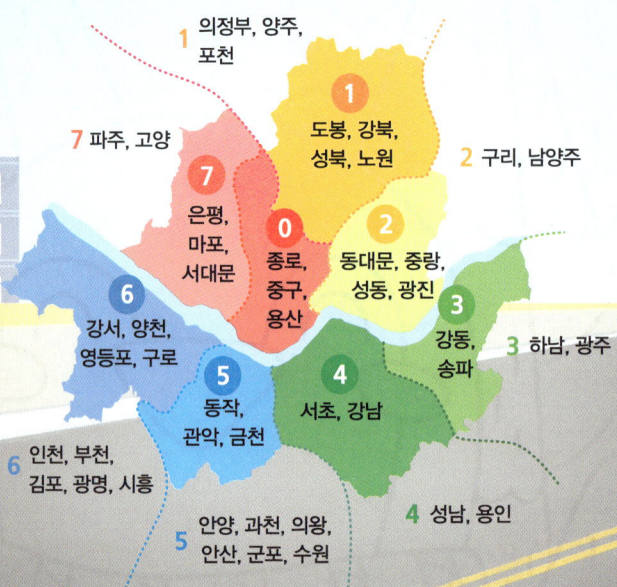

미션 1

어떤 버스를 타야 할까?

박동아 어린이는 서울시 중랑구에 살아요. 그런데 서울시 영등포구에 사는 이모네 집에 버스를 타고 가려고 해요. 동아가 타야 할 버스를 찾아주세요!

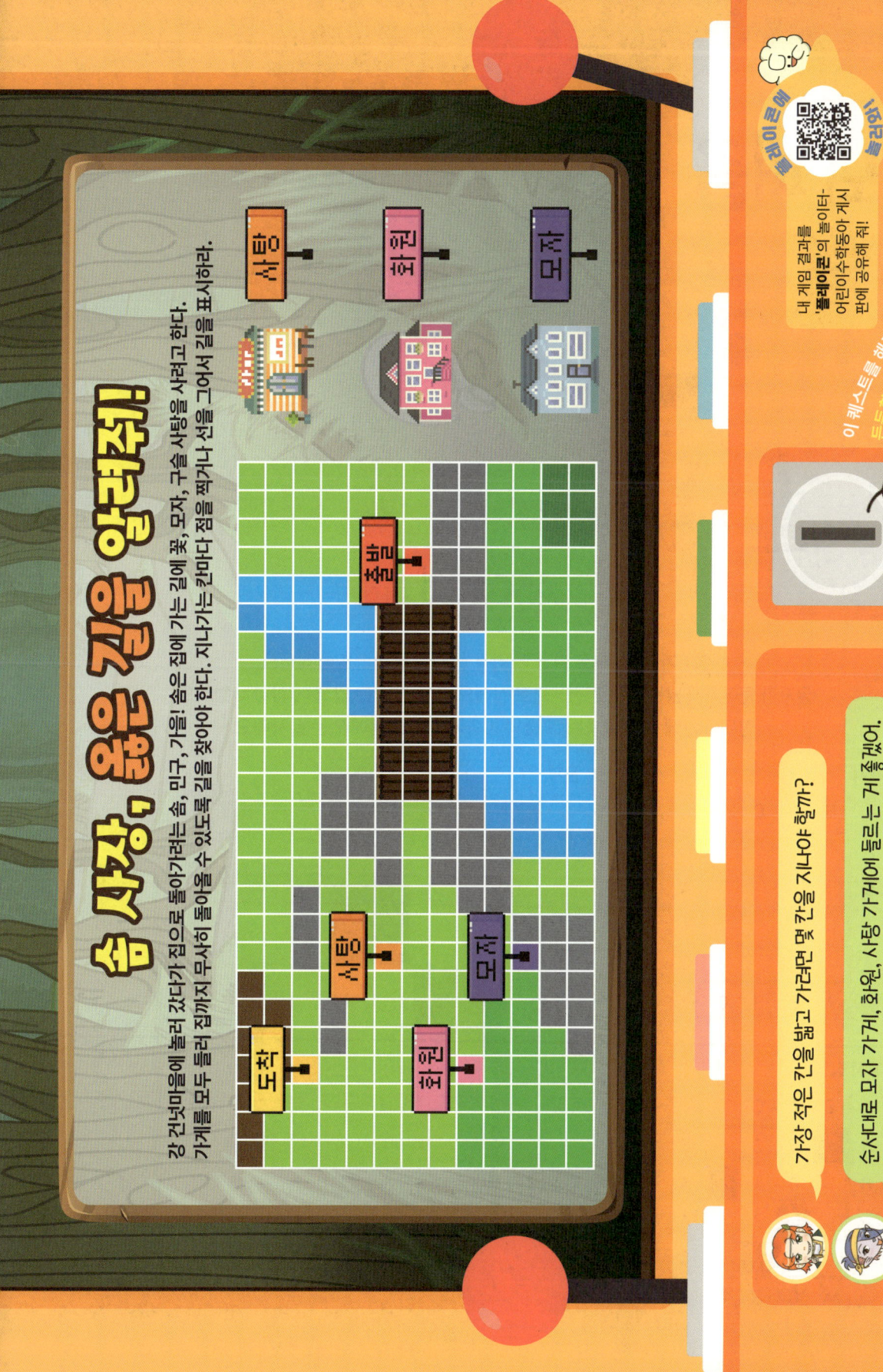

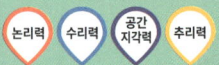

말랑말랑 두뇌 퍼즐

두뇌의 다양한 영역을 개발하고 사고력을 키우는 데 퍼즐이 매우 유용해요. 논리력과 수리력, 공간지각력, 관찰력을 키우는 퍼즐을 통해 두뇌를 자극해 보세요!

글 어린이수학동아
이미지 shutterstock
퍼즐 한국창의퍼즐협회
#ABC배치 #블랙아웃 #낚시퍼즐 #보석찾기

논리 퍼즐

ABC 배치

A, B, C가 가로, 세로 한 줄에 각각 한 번씩 들어가도록 적어요.
글자가 들어가지 않는 칸은 검정색으로 칠해요. 검정색 칸은 각 줄에 하나씩 있어요.
연두색 칸에 적힌 글자는 그 줄의 방향에서 가장 앞에 있는 글자예요.

예시

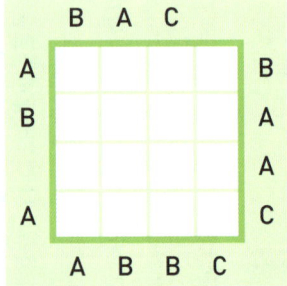

예시 정답

문제

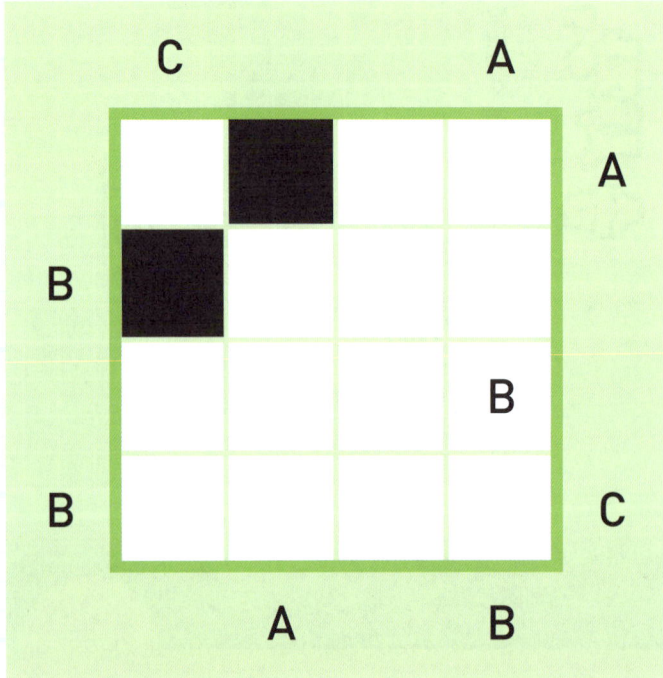

한국창의퍼즐협회
Korea Creative Puzzle Association

※한국창의퍼즐협회는 세계퍼즐연맹의 한국 운영기관으로, 퍼즐을 놀이이자 교육, 여가활동으로 널리 알리고자 설립한 단체입니다.

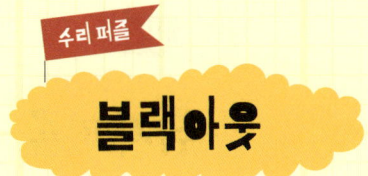

블랙아웃

주어진 식에서 한 칸만 검은색으로 칠해서 없애면 올바른 식이 됩니다.
한 칸을 지워보세요.

예시

| 4 | 2 | - | 5 | 3 | = | 3 | 7 |

예시 정답

| 4 | 2 | - | 5 | ■ | = | 3 | 7 |

문제

더해서 60이 되는 두 수는 뭘까?

물고기가 있는 칸에서 숫자가 있는 칸까지 선으로 연결해요.
선은 가로나 세로로 그을 수 있고, 한 칸에 한 번만 지나갈 수 있어요.
숫자는 선이 총 몇 칸을 연결하는지 나타내요. 물고기 칸과 숫자 칸, 선이 지나간 칸을 모두 합친 수예요.

예시

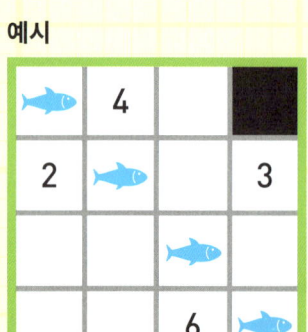

예시 정답

나란히 붙어 있는 물고기와 숫자를 연결하면 2칸이야!

문제

관찰 퍼즐

보석 찾기

보석이 숨어 있는 칸을 찾아 보석을 그려 넣으세요.
각 숫자는 그 숫자를 둘러싼 칸(최대 8칸)에 숨어 있는 보석의 개수예요.

예시(보석 6개)

		1	
4	4		
		3	2
	3		

예시 정답

💎	💎	1	
4	4		
💎	💎	3	2
	3	💎	💎

문제(보석 14개)

			2	
5				3
		8		
4				3
		4		

큰 숫자가 적힌 칸 주변부터 채워 봐!

어수동네 놀이터

담당 조현영 기자
(4everyoung@donga.com)

'플레이콘'에 놀러오세요!
놀이터-어린이수학동아 게시판에 나의 놀이북 활동을 자랑해요. 추첨을 통해 독자 여러분께 선물을 드립니다! 선물을 받을 주인공이 누구인지 플레이콘에서 확인하세요~!

오늘의 챔피언
조성빈
(onlykangta45)

몬스터 카페의 주스는 다양한 재료를 담은 무지개 주스로 만들어 보았습니다.

미션 장면 뒤에 어떤 일이 벌어질지 자유롭게 그려주세요!

그림 미션

꼬물이가 어떻게 이곳까지 왔는지 조사해야 해요.

그러려면 꼬물이의 기억을 들여다보는 수밖에 없어요.

지구를 혼란에 빠뜨린 꼬물이! 꼬물이가 기억하는 과거는 무엇일까?

도전! M 체스 마스터

M 체스 세계에선 전투가 한창이에요. 체스는 암산 능력, 수치 해석 능력, 상황 판단 능력 등 전략적 사고력을 키우는 데 도움이 되지요. M 체스 세계의 전략 문제를 풀고, M 체스 마스터로 거듭나 봐요!

8×8 체스 경기장

- 8 체스판의 세로줄인 '파일'은 왼쪽부터 순서대로 a, b, c, d, …h로 읽고
- 7
- 6 가로줄인 '랭크'는 맨 아랫줄부터 순서대로 1~8의 숫자를 붙
- 5
- 4 여요. 기물 위치는 파일의 알파벳과 랭크의 숫자 조합으로 표시하
- 3
- 2 지요. 체스가 시작될 때 흰색 퀸은 d1에, 검은색 킹은 e8에 있지요.
- 1

a b c d e f g h

처음에는 앞으로 1칸 또는 2칸 이동하고, 그 이후에는 앞으로 1칸씩만 이동함. 공격할 때는 대각선 앞에 놓인 상대편 기물만 공격할 수 있음.

앞뒤나 양옆 중 한 방향으로 한 칸 움직인 다음, 그 방향의 대각선 왼쪽 또는 오른쪽으로 한 칸 더 움직임. 다른 기물을 뛰어넘을 수 있음.

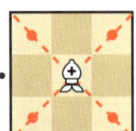

대각선 방향으로 원하는 만큼 움직임.

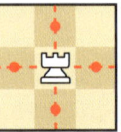

앞뒤와 양옆 직선 방향으로 원하는 만큼 움직임.

앞뒤, 양옆 직선 방향과 대각선 방향 어디로든 원하는 만큼 움직임.

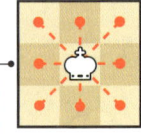

체스판에서 끝까지 지켜야 하는 왕. 앞뒤, 양옆 직선 방향과 대각선 방향으로 한 칸씩만 움직일 수 있음. 킹이 공격받는 상황에서 더이상 피할 수 없게 되면 게임이 끝남.

폰 1점

나이트 3점

비숍 3점

룩 5점

퀸 9점

킹 무한대

체스 기물의 가치 점수

킹과 룩의 전략적인 움직임!
캐슬링

한 번에 1칸씩만 움직일 수 있는 킹이 유일하게 2칸 움직이는 전략이 있어요. 바로 '캐슬링'이에요. 킹과 룩 사이에 다른 기물이 없을 때 사용할 수 있답니다. 킹과 룩에게 모두 유리한 전략인 캐슬링에 대해 알아보고 체스 마스터에 도전하세요!

글 어린이수학동아 **콘텐츠** 권세현 한국 체스 챔피언 **디자인** 김은지 **일러스트** 이민형
#체스 #기물 #킹사이드캐슬링 #퀸사이드캐슬링 #룩 #킹

권세현
한국 체스 챔피언

전세계적으로 인정받는 체스 선수의 명예 중 하나인 FM(Fide Master) 타이틀을 가지고 있어요. 2018년부터 현재까지 한국 체스 챔피언 자리를 이어오고 있어요.

킹과 룩이 한 번에 움직인다!

캐슬링은 룩과 킹을 동시에 움직여 킹을 보호하는 전략이에요. 맨 아랫줄의 가운데 있는 킹을 옆으로 2칸 움직이고, 킹이 움직인 방향의 룩은 킹을 건너뛰어서 킹 바로 옆 칸으로 이동해요. 룩이 h열에서 f열로 가는 캐슬링을 '킹사이드 캐슬링', 룩이 a열에서 d열로 가는 캐슬링을 '퀸사이드 캐슬링'이라고 해요.

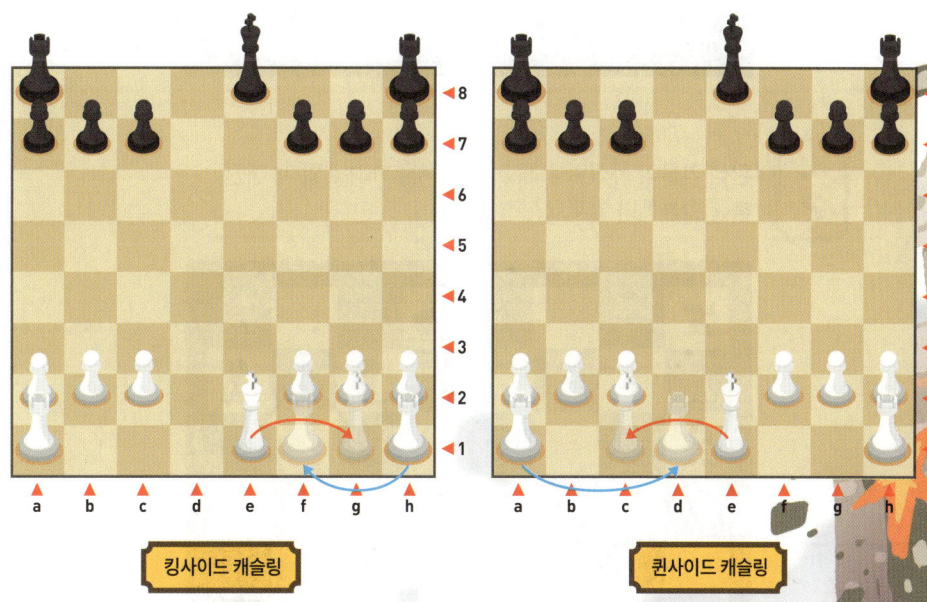

킹사이드 캐슬링   퀸사이드 캐슬링

여기서 잠깐! 캐슬링 할 수 없는 상황은?
◆ 킹이 공격받고 있을 때('체크'일 때)
◆ 캐슬링하는 룩과 킹 사이에 다른 기물이 있을 때
◆ 캐슬링하기 위해 킹이 이동하는 길을 상대 기물이 공격하고 있을 때
◆ 캐슬링했을 때 킹이 도착하는 칸을 상대 기물이 공격하고 있을 때

도전! M 체스 마스터 전략 퀴즈

 **퀴즈 1**
흰색 기물이 움직일 차례고, 캐슬링을 하려고 할 때 어떤 룩을 활용해야 할까요?

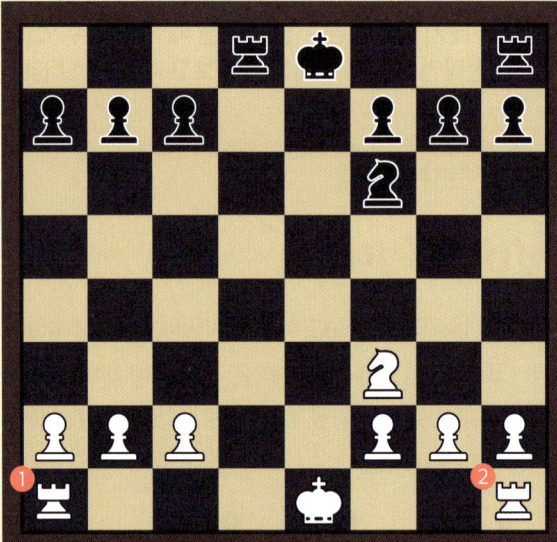

킹을 지켜라!

 **퀴즈 2**
흰색 기물이 움직일 차례고, 캐슬링을 하려고 할 때 어떤 룩을 활용해야 할까요?

나의 안전이 최우선이다!

마스터 카드(22쪽)에 퀴즈의 답을 적고 나만의 카드를 완성해 봐!

캐슬링 마스터 카드

M 체스 마스터가 되려면 노력과 인내의 시간을 거쳐야 하지. 캐슬링을 배운 너희에게 M 체스 마스터 카드를 줄게. 앞으로도 체스 전략을 익히고 카드를 열심히 모으면 M 체스 마스터가 될 수 있을 거야. 오른쪽 카드에는 너희가 생각하는 킹을 지키는 룩과 지혜로운 킹의 모습을 자유롭게 그리고 특징을 적어줘!

#체스 #행마법 #말 #기물 #캐슬링

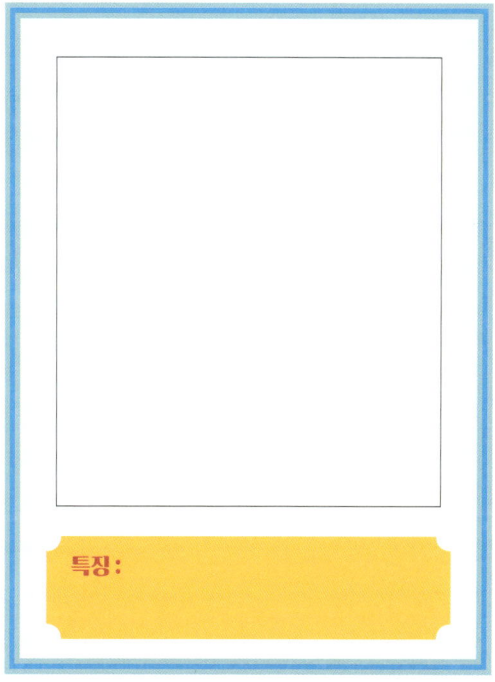

김사랑 국가대표가 알려주는 **체스 비법**

오른쪽 카드엔 항저우 아시안게임 체스 종목 최연소 국가대표인 김사랑 선수가 알려주는 체스 전략이 담겨있어. 왼쪽 카드에는 너희만의 체스 전략을 써 줘. 나만의 M 체스 마스터 카드를 완성해서 '플레이콘'의 놀이터-어린이수학동아 게시판에 올리면 추첨을 통해 선물도 준대!

킹을 지키는 룩

나만의 체스 전략을 만들어 보세요!

킹을 지키는 룩

전략 1 a6의 검은색 룩이 a1으로 이동하면 e1에 있는 흰색 킹이 위험해요. 하지만 그 전에 흰색 킹이 h1의 흰색 룩과 캐슬링을 하면, f1으로 움직인 흰색 룩은 킹을 보호하면서 검은색 킹을 위협할 수 있어요. 룩은 캐슬링을 통해 킹을 지키면서 자신의 공격력을 높일 수 있지요.

지혜로운 킹

나만의 체스 전략을 만들어 보세요!

지혜로운 킹

전략 2 검은색 퀸이 f2의 흰색 폰을 잡으면 흰색 킹은 체크 메이트가 돼요. 하지만 검은색 퀸이 움직이기 전에 흰색 킹이 h1의 룩과 캐슬링을 하면 검은색 퀸은 f2의 흰색 폰을 잡을 수 없어요. 왜냐하면 f1에서 흰색 룩이 지키고 있기 때문이지요. 이렇게 킹은 룩을 전략적으로 활용해 위기를 넘길 수 있어요.

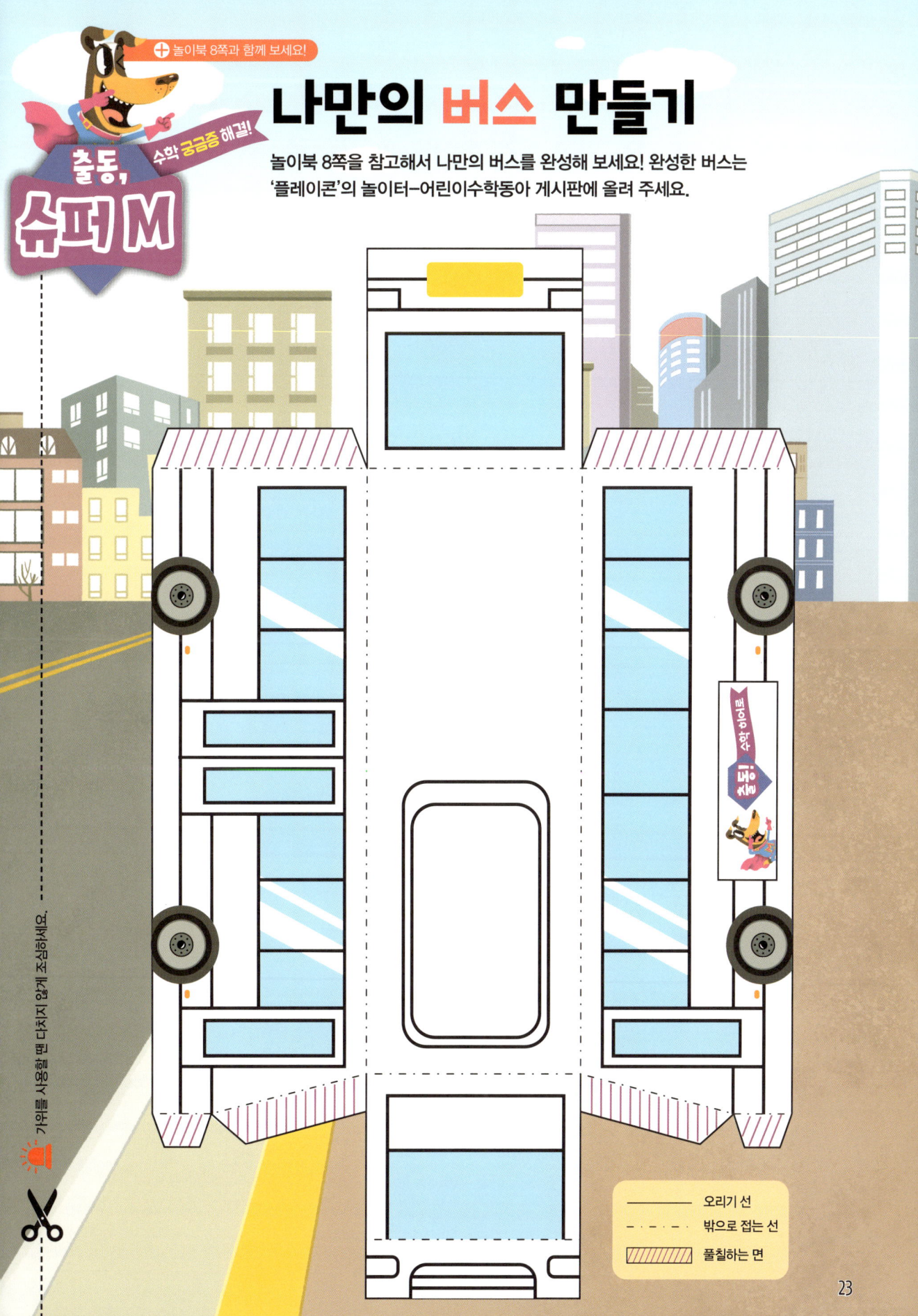

MEMO

2023년 달력 만들기

2023년 달력을 직접 만들어 볼까요? 각 칸에 맞는 '일'과 '요일'을 써 넣어보세요. 중요한 행사가 있다면 달력에 기록해도 좋아요. 달력을 완성하면, 가위로 오린 뒤 내가 만든 달력 몸통에 올리면 돼요.

2023년 ◯월

꾸미기용

실선을 따라 오린 후 자유롭게 달력을 꾸며보세요!

―― 오리기 선

가위를 사용할 땐 다치지 않게 조심하세요.

동아사이언스

KC 마크는 이 제품이 공통 안전기준에 적합함을 의미합니다.
책 모서리에 찍히지 않도록 주의하세요.

www.popcornplanet.co.kr

어린이
수학동아

2023년 3월 1일 초판 1쇄 발행

지은이 어린이수학동아 편집부
펴낸이 장경애
본부장 고선아

편집 최은혜, 최송이, 박건희, 조현영
디자인 오진희, 김은지
마케팅 김수희, 이성우, 유유석, 홍은선, 전창현, 이고은

일러스트 동아사이언스, 연지, 남동완, 남남ok, 밤곰, 허경미, 김태형, 이민형
사진 게티이미지뱅크(GIB), 위키미디어(W)
인쇄 북토리

펴낸곳 동아사이언스
출판등록 제2013-000081호
주소 (04370) 서울특별시 용산구 청파로 109 7층
광고팀 (02)3148-0729
홈페이지 www.dongascience.com
　　　　　www.popcornplanet.co.kr

이 책에 실린 글의 저작권은 어린이수학동아 및 저자에게 있습니다.
무단전재와 무단복제를 금합니다.

ⓒ동아사이언스